HANS-HERMANN POMPE

NACHFOLGE MIT LEICHTEM GEPÄCK

HANS-HERMANN POMPE

NACHFOLGE MIT LEICHTEM GEPÄCK

EINE EINLADUNG ZUR GEISTLICHEN REISE

neukirchener
aussaat

MIX
Papier aus verantwortungsvollen Quellen
FSC® C006701

Dieses Buch wurde auf FSC©-zertifiziertem Papier gedruckt.
FSC© (Forest Stewardship Council©) ist eine nicht staatliche, gemeinnützige Organisation, die sich für eine ökologische und sozial verantwortliche Nutzung der Wälder unserer Erde einsetzt.

Bibliografische Information der Deutschen Nationalbibliothek

Die Deutsche Nationalbibliothek verzeichnet diese Publikation in der Deutschen Nationalbibliografie; detaillierte bibliografische Daten sind im Internet über http://dnb.d-nb.de abrufbar.

Umschlaggestaltung: Andreas Sonnhüter, www.sonnhueter.com, unter Verwendung eines Fotos von © angkrit (shutterstock.com)
Lektorat: Ulrike Rauhut
DTP: Breklumer Print-Service, www.breklumer-print-service.com
Verwendete Schrift: Adobe Garamond Pro, Frutiger
Gesamtherstellung: CPI – Ebner & Spiegel, Ulm
Printed in Germany
ISBN 978-3-7615-6134-8

www.neukirchener-verlage.de

INHALT

AUFBRUCH

1. GEISTLICH REISEN. EINE KLEINE PACKHILFE

Wer Jesus nachfolgt, beginnt eine Reise, die das gesamte Leben verändert und uns zu Gottes Zukunft führen soll. Was brauchen wir dafür? Dieses Buch ist eine Einladung, die geistliche Reise des Lebens gut zu überdenken, sie anhand biblischer Reiseerfahrungen zu vertiefen und dann inspiriert fortzusetzen. Es geht um die drei Dimensionen dieser Reise, um den Aufbruch, um die Ausrüstung und um den Auftrag. Jesus beruft uns, er beschenkt uns und er sendet uns, dazwischen liegt das ganze Abenteuer der geistlichen Lebensreise.

Das Bild der geistlichen Reise habe ich in England kennengelernt. Die Auswertungen der missionarischen Bewegung in den britischen Kirchen haben gezeigt, Skeptische, Interessierte und Suchende erleben ihren Weg zum Glauben häufig als einen Prozess, als eine Kette verschiedener Erfahrungen und Vertiefungen. Reise ist zugleich ein uraltes Bild für die Nachfolge von Christinnen und Christen: Schritt für Schritt hinter Jesus hergehen, seinen Fußspuren folgen (1. Pt 2,21), diese lebenslange Reise als einen geistlichen Wachstumsprozess in Liebe und Wahrheit zu erleben (Eph 4,15).

Weil ich gerne reise, interessiert bin an Neuem und fremde Menschen als Bereicherung empfinde, hat mich das Bild der Reise sofort angesprochen. Es passt in eine mobile Welt: Ständig sind Menschen unterwegs, brechen auf, wechseln den Wohnort, machen weite Reisen, sie gehen, laufen, fahren, fliegen, sie legen mehr und weitere Distanzen zurück als frühere Generationen. Zugleich war ich überrascht, wie tief die Gedanken von Weg und Aufbruch, von Zurücklassen und Mitnehmen, von Oasen und Wüsten, von Begleitung und Leitung, von Planung und Ziel in der Bibel verwurzelt sind. Deshalb steht in jedem Abschnitt eine biblische Reiseerfahrung im Mittelpunkt: Bitte schlagen Sie Ihre Bibel dazu an der entsprechenden Stelle auf.[1] Ich hoffe, Sie entdecken in Ihrer Bibel noch viele weitere Elemente für Ihre geistliche Reise.

Bei jedem Aufbruch stellt sich die Gepäckfrage: Was nehmen wir mit, was benötigen wir unterwegs, worauf wollen wir vorbereitet sein, worauf unterwegs nicht verzichten? Für mich ist dieses Entscheiden und Packen oft anstrengend, ich bin dann gereizt. Das liegt an meiner Unsicherheit, wie es werden wird, aber auch daran, dass ich Lästiges gerne aufschiebe. Das macht es allerdings nicht leichter, denn packen muss ich doch und später dann in kurzer Zeit vieles gleichzeitig entscheiden, die möglichen Wetterverhältnisse, Geschenke für Gastgeber, meine Bedürfnisse etc.

Die Gepäckfrage ist eine Frage von Gewicht und Platz. Wer zu wenig oder das Falsche einpackt, wird sich unterwegs ärgern. Aber einfach für alle Möglichkeiten einzupacken, geht auch nicht. Jede Reise erfordert Beweglichkeit, ich muss mich also einschränken. Ein zu schwerer Rucksack macht das Wandern mühsam, im Auto ist nur beschränkt Platz, in der Bahn muss ich alles tragen, im Flugzeug ist das Gewicht begrenzt.

Die Frage ist: Was brauchst du wirklich? Je leichter das Gepäck, umso einfacher die Reise, je mehr an der falschen

---

1 Viele dieser Texte wurden erstmalig bei den Kölner Missionale-Treffen ausgelegt (www.missionale.de): Ich verdanke dieser geschwisterlichen Aufbruchsbewegung viel für meine eigene geistliche Reise.

Stelle gespart, umso mehr wird unterwegs fehlen. Eine Kollegin kann sehr diszipliniert und effektiv für den Urlaub packen, ihr Mann nicht. Amüsiert erzählt sie: „Er packt immer viel zu viel ein und verlässt sich darauf, dass ich das alles im Auto unterbringe." Also hat sie ihm vor dem letzten Sommerurlaub einen einzigen Koffer hingestellt: „Damit musst du diesmal auskommen." Die Nachfolge Jesu ist eine lebenslange geistliche Reise. Was gehört wirklich in den Koffer der Nachfolge? Was ist lebensnotwendig für den Aufbruch, was hilft uns unterwegs, was lässt uns am Ziel festhalten?

Wer Jesu Ruf folgt, lässt vieles zurück: Sein altes Leben, bisherige Werte, überflüssige Ausstattungen, zerstörerische Bindungen. Komm und folge mir nach – Jesus gibt uns damit einen *Wert*: Ich will dich gerne in meiner Nähe haben. Er gibt uns einen *Auftrag*: Bleib bei mir. Und er gibt uns ein *Ziel*: Folge mir, wohin ich dir vorangehe. Die Nachfolge sah zur Zeit Jesu unterschiedlich aus. Zwölf junge Männer wurden für drei intensive Jahre ganz aus ihren bisherigen Verpflichtungen herausgerissen (Mk 3,13-19). Es gab Frauen als Begleiterinnen, die ihn mit ihren Mitteln unterstützten (Lk 8,1-3). Manche Menschen wurden geheilt und bewusst in ihren Alltag zurückgeschickt (Mk 5,18f). Jesus brauchte Stützpunkte der Gastfreundschaft, wie das Haus von Maria, Martha und Lazarus (Luk 10, Joh 11). Am Ende verließen ihn alle und flohen (Mk 14,50). Nach der Auferweckung sammelt er sie erneut und sandte sie in alle Welt (Mt 28,18-20).

Als Jesus die zwölf Jünger zum ersten Mal in kleinen Gruppen in die galiläischen Dörfer und Städte aussendet (Mt 10,5-10), gibt er ihnen den Auftrag, das nahe Himmelreich zu predigen, rüstet sie dafür mit seiner Vollmacht zu Wundern und Zeichen aus. Wie ein Geschenk, umsonst sollen sie weitergeben, was sie selbst von ihm bekommen. Für diese Reise brauchen sie weder Gold noch Silber oder Kupfer, also keine finanziellen Sicherheiten. Sie brauchen weder eine Reisetasche mit Ersatzhemd und Zweitschuhen noch einen Stock als Sicherheit. Wer in Jesu Auftrag unterwegs ist, wird von ihm versorgt und bewahrt.

Unterwegs kann es anstrengend werden. Habe ich mir zu viel aufgeladen, bin ich zu wenig trainiert? Paulus vergleicht diese Reise mit der Teilnahme an einem Lauf (1. Kor 9,24-27). Nur wer sich ganz auf diesen Lauf konzentriert, wem das Ziel allen Einsatz wert ist, der wird auch zu den Gewinnern gehören. Bei der geistlichen Reise geht es um viel mehr als um einen Lorbeerkranz, die Goldmedaille der Antike. Es geht um die Teilnahme an Gottes Zukunft, um das kommende Reich des Friedens, den unvergänglichen Kranz, den Jesus allen überreichen wird, die hinter ihm her gelaufen sind. Das ist alle Einschränkung wert, darauf zu blicken lohnt sich in dieser Zeit, weil der Sieg Ewigkeit bedeutet.

Seit einigen Jahren laufe ich mit einem Freund im Wald. Mit Ende vierzig und untrainiert mit dem Laufen zu beginnen, ist wirklich beschwerlich. Gut, es bedeutet nicht wirklich Blut, Schweiß und Tränen, aber immerhin Schweiß und Muskelschmerzen, mühsames Aufraffen und harte Anstrengung. Unsere Körper streikten anfangs beharrlich, an jeder Steigung, auf jeder längeren Strecke sagte ein kleiner Mann im Ohr: Willst du nicht einfach aufhören? Ohne unsere Verabredungen hätten wir schnell abgebrochen, wären oft gar nicht losgelaufen. Aber im Lauf der Jahre veränderte sich etwas: Wir wurden ausdauernder, schneller, wir fühlten uns besser, unsere Strecken wurden länger, immer mehr Steigungen konnten gelaufen werden. Der Arzt meines Freundes gratulierte ihm zum regelmäßigen Sport, er durfte seine Blutdruck-Medikamente deutlich reduzieren, bei mir stoppte endlich die Gewichtszunahme und wanderte auf der Waage rückwärts.

Ja, Laufen hat mit Disziplin zu tun: Das große Ziel muss so wichtig sein, dass wir unsere Trägheit überwinden. Auf die versprochenen Glückshormone beim Laufen (Endorphine) warte ich bis heute, aber es macht inzwischen sogar Spaß. Wir haben gemerkt, dass Ausdauer durch Training entsteht. Der Hebräerbrief rät (Hb 12,1-3): Alles ablegen, was beschwert, immer wieder die Vergebung Gottes in Anspruch nehmen, sonst behindert Sünde den Lauf wie dornige Ranken an den Beinen. Und dabei Geduld und Ausdauer entwickeln, denn lebenslang Laufen braucht Beständigkeit. Vor allem aber auf Jesus blicken, denn er ist Start und Ziel dieser geistlichen Reise, er schenkt uns den Glauben und bewahrt ihn auch. Gut, dass vor uns, neben uns und nach uns viele andere mitlaufen! Als Zeuginnen und Zeugen Jesu begleiten sie unseren Lauf wie anfeuernde Zuschauer.

Unsere sportlichen Läufe sind kleine Unterbrechungen des Alltags, der Lauf der geistlichen Reise umfasst das gesamte Leben. Der lebenslange Lauf, schreibt Paulus den Philippern (Phil 3,12-14), ist eine permanente Neuausrichtung. Immer, wenn du denkst, du hast es hinter dir, hast du schon begonnen, es zu verlieren. Ihr müsst von Läufern lernen, rät Paulus: Weil ich jetzt schon von Jesus ergriffen bin, setze ich alles daran, in seiner Spur zu bleiben. Ich bin nicht gebunden an das, was hinter mir liegt, an die Niederlagen, das Versagen, die Schuld oder die Versäumnisse. Ich darf mich auf das konzentrieren, was vor mir liegt, weil er mir entgegenkommt mit dem Siegespreis, dem Leben in Gottes Herrlichkeit.

Die geistliche Reise des Lebens besteht aus vielen kleinen Abschnitten, hat sehr unterschiedliche Etappen. Die Zusammenhänge bleiben uns oft dunkel, vieles erschließt sich erst im Rückblick, manches in diesem Leben gar nicht. Es ist nicht immer eitel Sonnenschein, es gibt Gegenwind-Strecken, Jesus mutet uns Etappen zu, die wir nie wählen würden. Wir werden auch dahin geführt, wo wir selbst nicht hin wollen (Joh 21,18). Er ist immer dabei, aber wir erkennen ihn unterwegs nicht oder erst im Rückblick (Lk 24,13-35).

Die geistliche Reise des Lebens hat Ähnlichkeiten mit dem Weben eines Teppichs. *„Fürchte dich nicht; mein bist du!"* (Jes 43,1) steht am Anfang wie am Ende. Da gibt es keinen Zweifel, wohin wir gehören: zu Gott. Und Gott webt die Fäden, die sich in unserem Lebensteppich zusammenfügen. Aber Gottes Treue schreibt sich meist unsichtbar in unser Leben ein. Da wird der große Teppich ein Leben lang gewebt. Und lange erscheint das Bild darauf wirr, unzusammenhängend. Wir sehen immer nur kleine Abschnitte, begrenzte Bereiche. Erst am Ende, bei der Fertigstellung, kommt das ganze Motiv heraus. Es bleibt Gottes Geheimnis, wie er das zustande bringt und uns dabei doch unsere Freiheit lässt. Wer mit seinem Vertrauen auf Gottes Führung antwortet, öffnet sich für das göttliche Motiv. Und er beginnt zu vertrauen, dass darin kein einziges Einzelteil umsonst sein wird, weil der göttliche Weber seinem guten Plan folgt.

Was brauchst du wirklich unterwegs, in der Spur Jesu? Eine Berufung, eine Ausrüstung und einen Auftrag. Die einzelnen Abschnitte reflektieren wichtige Aspekte der drei Reisedimensionen. Die *Berufung* nennt den Ruf in die Nachfolge und unseren Alltag. Die *Ausrüstung* beinhaltet Gnade, Liebe, Umkehr, Freiheit, Freude, Hoffnung, Geheimnis, Wahrheit und Bilder. Der *Auftrag* nimmt unsere Veränderung in den Blick, unser Lieben, unser Teilen, unsere Umgebung und unser Reifen. Die gesamte Reise kann man schließlich verstehen als eine Herausforderung, geistlich Gewicht zu gewinnen. Jeder Abschnitt endet mit einigen Fragen zur Vertiefung, für eigenes Weiterdenken oder als Gesprächsanstöße für Gruppen.

Der Schwerpunkt liegt in diesem Buch bei der Ausrüstung, denn eine der schönsten Entdeckungen des Glaubens ist: Dieser großzügige Herr sorgt für uns. Das Gepäck, die Versorgung, die Unterkunft, unsere Kraft und Ausdauer, auch unsere Bedürfnisse, Anfechtungen, Zurückbleiben, Müdigkeit und Mutlosigkeit – alles hat er im Blick. Er will bei der Reise alle Tage bei uns sein (Mt 28,20). Dieses leichte Gepäck umfasst nicht die neuesten Laufschuhe oder Proteinriegel, sondern seine Gaben – allesamt Geschenke dieses großartigen Herrn. Wenn wir müde und beladen zu ihm kommen, will er uns erquicken. Seine Last ist leicht, weil er uns mit unseren Lasten trägt. Sein Joch ist sanft, denn den Karren zieht er neben uns (Mt 11,28-30). Wie ein Trainingspartner läuft er voran, wie ein Trainer unterstützt er uns, wie ein Sanitäter steht er an der Strecke, wie ein Kampfrichter erwartet er uns mit der Goldmedaille. Und auf dem Weg sind wir von ihm berufen, beschenkt, gesandt. Leichtes Gepäck – mehr brauchen wir nicht. Aber auch nicht weniger.

Ein Tourist darf in einem Kloster bei Mönchen übernachten. Er ist erstaunt über die spartanische Einrichtung ihrer Zellen und fragt die Mönche: Wo habt ihr denn eure Möbel? – Die Mönche fragen zurück: Ja, wo haben Sie denn Ihre? – Meine?, erwidert der Tourist verblüfft. Ich bin ja nur auf der Durchreise hier! – Eben, werfen da die Mönche ein, das sind wir auch.

Ich wünsche Ihnen eine gute Reise mit leichtem Gepäck.

2. NACHFOLGE

BIBLISCHE REISEERFAHRUNG: MARKUS 3,13-19

Im Blick Gottes der blaue Planet: unsere Erde. Ein Staubkorn im All. Kreisend um eine unbedeutende Sonne irgendwo in der Milchstraße, am Rande einer von Milliarden Galaxien. Aber angesehen mit dem Blick der Liebe Gottes: Wie ein Vater seine Kinder anschaut, wie eine Künstlerin ihr Werk betrachtet. Nicht bereit, diese Liebe auch nur um einen Millimeter zu kürzen. Unsere Erde: Ort der Sehnsucht und Liebe Gottes. Gottes Menschen: verlorene Kinder, die er wiederfinden will. So entstand aus seiner Treue zu uns der große Plan: „Ich gehe zu ihnen. Ich sende mein Liebstes, meinen Sohn. Ich lasse sie nicht – selbst wenn ich ihren Tod teilen muss."

Und so kommt Gott selbst. Beginnt als aufkeimendes Leben in einer jungen Frau. Kommt zur Welt in einer Krippe, weil für ihn kein anderer Platz da ist. Wird nach wenigen Tagen ins Asyl gebracht, weil die Mächtigen spüren, dass ihre Throne wackeln. Wächst auf in einem galiläischen Dorf, Rotzbengel, Lehrling seines Vaters, wie es üblich war.

Ein Scherz fragt: „Was war Jesus von Beruf? – Student! Er wohnte mit 30 Jahren noch bei den Eltern, hatte lange Haare und wenn er etwas tat, dann war es ein Wunder." Natürlich ist dieser Scherz unfair gegenüber Studenten. Aber ein Mensch von Fleisch und Blut wurde er, sagt Johannes.[2] In

2 Johannes 1,14

allem uns gleich – nur ohne Sünde, sagt der Hebräer-Brief.[3] Das ist Jesus: Gottes Liebe zu seinen Geschöpfen, Erfüllung aller Verheißungen, Zeichen der Treue Gottes zu seinem Volk, Anbruch der Herrschaft Gottes.

Jesus. Wird als Erwachsener von Gottes Geist in die Öffentlichkeit geführt, um sich an die Seite seiner Brüder und Schwestern zu stellen. Wird getauft von Johannes, der nicht versteht, dass der ohne Schuld ins Schmutzwasser unserer Sünde steigt. Wird erfüllt mit dem Geist unter dem geöffneten Himmel. Wird bestätigt vom Vater, der ihm seine unverbrüchliche Liebe zuspricht. Weiß, dass ihm nur wenig Zeit bleibt, die Nähe Gottes, den Beginn seiner Herrschaft auszurufen: Knapp drei Jahre hat er, bis er an den Balken hängt, wo sich totale Ablehnung der Menschen und völlige Hingabe Gottes kreuzen.

Was hätten Sie an Jesu Stelle gemacht, wenn Sie nur drei Jahre für den großen Plan hätten? Worauf hätten Sie sich in dieser kurzen Zeit, an diesem politisch unbedeutenden Ort, unter diesen begrenzten Möglichkeiten konzentriert? Eine von Jesu Prioritäten für diese drei Jahre schildern alle vier Evangelien: Er rief Menschen in seine Nachfolge.

Markus berichtet es so: *Und er ging auf einen Berg und rief zu sich, welche er wollte, und die gingen hin zu ihm. Und er setzte zwölf ein, die er auch Apostel nannte, dass sie bei ihm sein sollten und dass er sie aussendete zu predigen und dass sie Vollmacht hätten, die bösen Geister auszutreiben. Und er setzte die zwölf ein und gab Simon den Namen Petrus; weiter: Jakobus, den Sohn des Zebedäus, und Johannes, den Bruder des Jakobus, und gab ihnen den Namen Boanerges, das heißt: Donnersöhne; weiter: Andreas und Philippus und Bartholomäus und Matthä-*

3 Hebräer 2,17; 4,15

us und Thomas und Jakobus, den Sohn des Alphäus, und Thaddäus und Simon Kananäus und Judas Iskariot, der ihn dann verriet (Markus 3, 13-19).

Hinauf: Die Kraft des Rufes

Besteigen Sie gelegentlich einen Berg? Ohne Sessellifte und Bergbahnen ist das mühsam. Viele Schritte, viele Pausen. Der Lärm des Tales bleibt zurück. Der Weg wird schmaler, hat kurze Strecken mit steilen Phasen. Weit sehen zu können, zum Gipfel zu kommen, erfordert Anstrengung. In der Bibel sind Berge Orte der Gottesoffenbarung: Auf einem Berg landet das Leben nach der Sintflut neu. Auf dem Sinai schenkt Gott Mose das Grundgesetz des Volkes Gottes. Auf dem Karmel bestreitet Elia die Bestreitung Gottes. Auch Jesus geht auf einen Berg, um Menschen zu sich zu rufen. Wer sich rufen lässt, verlässt seine Komfortzonen, begibt sich in die Nähe Gottes. Jeder Berg Gottes führt heraus aus dem Alltag, schafft den Abstand, ohne den der Alltag nicht neu werden kann.

Haben Sie keine Angst vor Gottes Bergen – Gottes Berge sind Wendepunkte unseres Alltags. Da ist etwas, was Sie nicht loslässt, ein Gedanke, eine Begegnung, eine Erfahrung. Dies zuzulassen kann mühsam sein wie Bergsteigen. Die Couch der Gewohnheiten lockt, der bequeme Weg des Überhörens ist vertraut. Aber Sie gehen seinen Weg, weil der Rufende einzigartig ist. Und im Losgehen merken Sie: „Der Ruf als solcher ist das Geschehen der Gnade.“[4] Gnade kommt nicht irgendwann nach, Gnade ist nicht das Ziel – Gnade ist, wenn ich gerufen werde. Warum? Der Bibelausleger Eduard

4 Eduard Schweizer, Jesus Christus im vielfältigen Zeugnis des Neuen Testamentes (GTB-TB 126), Gütersloh, 4. Aufl. 1976, 44

Schweizer sagt: Weil „er die Gemeinschaft schafft, die abgebrochen ist", weil „sich hier Vergebung ereignet, ohne dass ein einziges Wort darüber gesprochen wird …".[5]

„Er ruft zu sich, welche er wollte", heißt es. Niemand beruft sich selbst: zum Jünger, zur Jüngerin macht uns sein Ruf. Allein das rufende Wort Gottes kann Menschen so bewegen, dass sie aufbrechen. Wissen Sie, wie man eine Lok zum Fliegen bringt? Mit einem Magneten. Nachdem Jim Knopf und Lukas der Lokomotivführer die geheimnisvolle Kraft des Magneten entdeckt haben, hängen sie ihn so vor die Lok Emma, dass sie von selbst angezogen wird. Und sie erfinden damit nebenbei das Perpetuum mobile – jedenfalls funktioniert es so in dem Buch „Jim Knopf und die Wilde 13". Gottes Ruf ist „attraktiv", wörtlich: anziehend. Er zieht Menschen an, ohne sie zu zwingen. Er setzt sie in Bewegung, ohne sie zu verbrauchen. „Er ruft zu sich, die er um sich haben wollte"[6] – was für eine Motivation, um aufzubrechen!

„Und sie gingen zu ihm." Wo Gottes Ruf uns erreicht, gibt es eine leise Bewegung hin zu dem, der ruft. Angezogen von der sanften Macht dieser Liebe, die gibt, ohne leer zu werden. Das einzige Perpetuum mobile, das auch in dieser Welt funktioniert: Gottes rufende Liebe in Jesus. Gerufen auf einen Berg, um dann mit ihm hinunterzugehen in die Tiefen seiner geliebten Welt.

Hinzu: Die Nähe in Gemeinschaft

Jesu Berufung ist Bejahung, die nicht auf Kosten anderer geht. Hier werden keine Lieblingskinder ausgewählt – alle

5 nach Schweizer a.a.O.

6 so übersetzt die neue Zürcher Bibel

sind für Jesus geliebte Kinder des Vaters. Zwölf Freunde müsst ihr sein – und die anderen dürfen auf der Ersatzbank versauern? Nein. Nach den Berichten aller Evangelien gab es mehr als diese zwölf. Viele zogen zeitweilig mit: Lukas[7] berichtet von 72, die auch ausgesandt werden, Lukas und Markus nennen Frauen,[8] die auch mit ihm ziehen oder bei ihm aushalten. Manche andere werden eingeladen zur Nachfolge.[9] Es gab viele, die Jesus ausdrücklich zurücksendet in ihren Alltag.[10] Es gab Stützpunkte wie das Haus von Maria, Martha und Lazarus in Bethanien, wo Jesus mehrfach zu Gast war.[11] Aber es gab eben auch die zwölf.

Warum nun diese zwölf jungen Männer? Die Zwölf war für Juden damals eine sprechende Zahl: Die Zahl des in alle Winde versprengten Volkes Gottes. Seit Jahrhunderten gab es ja nur noch Reste – grob gesagt zweieinhalb Stämme. Und nun kommt einer und erinnert an die Verheißungen Gottes: Sein Volk zu sammeln und damit die heilvolle Zukunft der gesamten Welt einzuleiten. Wörtlich steht hier: Er „machte", er „schuf" die zwölf – dieses Berufen ist Schöpferhandeln, mit nichts anderem vergleichbar. Die zwölf bilden die Keimzelle des erneuerten Gottesvolkes. Und an ihnen macht er den doppelten Sinn jeder Berufung besonders deutlich.

Der eine Aspekt ist: Sie sollen mit ihm, bei ihm sein. „Sie müssen mit ihm sein, um ihn kennenzulernen", formuliert Benedikt XVI. in seinem Jesusbuch;[12] von außen lernt man

7 Lukas 10, 1ff, 17ff
8 Lukas 8, 1-3. Markus 15, 40f
9 z. B. Lukas 9, 57–62. Markus 10,21.
10 z. B. Markus 5, 19
11 Lukas 10, 38–42. Johannes 11. Johannes 12, 1ff
12 Josef Ratzinger Benedikt XVI, Jesus von Nazareth (Herder Spektrum 6033), Freiburg 2007, 209

Jesus nicht kennen. Eine einzigartige Schule, drei Jahre lang alles mit dem Sohn Gottes zu teilen. Ihn kennenlernen und sein Vertrauen. Durch ihn herausgefordert werden, seine Macht in Heilungen und Wundern erleben. Seine Trauer, seine Freude, seinen Zorn und seine Hoffnungen teilen. Mit ihm vom Vater abhängig leben wie Vögel unter dem Himmel. Von ihm unterwiesen werden in Gleichnissen, Auslegungen, Lehrgesprächen, Gebeten. Bei ihm die eigenen Möglichkeiten erleben und die eigenen Grenzen. Vergebung erfahren und zur Feindesliebe herausgefordert werden. Das alles ist enthalten in der Berufung, mit ihm zu sein. Das ist unsere Berufung: Mit Jesus sein.

Und dann die andere Seite der gleichen Münze Berufung: „dass er sie aussendete" zu den Menschen. Ich sende euch, um alle zu erreichen. Berufung ist keine Wellness-Oase, sondern ein Dienst. Ich vertraue euch meinen Auftrag an: Gottes Herrschaft bricht an. Predigt, alle sollen es hören! Heilt Menschen, weil Gott ein Heiland ist! Vertreibt böse Geister, weil ein Stärkerer da ist! Ich vertraue euch, dass ihr wie ich die Menschen sucht, euch der geschundenen Schöpfung erbarmt, euch hingebt im Dienst.

Schließt sich das nicht aus: Zusammensein mit Jesus und von ihm gesandt sein? Nein, denn beides gehört untrennbar zusammen: Bei Jesus sein – und gesandt werden zu den Menschen. Eines verliere ich ohne das andere, eines interpretiert das andere. Deshalb schreibt der Papst: „Sie müssen lernen, so mit ihm zu sein, dass sie bei ihm sind, auch wenn sie an die Grenzen der Erde gehen."[13] Vor Ostern konnten nur diese zwölf so mit ihm sein. Der Auferstandene, der nicht mehr an die Grenzen von Raum und Zeit gebunden ist, schenkt es

13 Ratzinger a.a.O., 209

uns allen: „*Geht hin in alle Welt … Ich bin bei euch alle Tage bis an das Ende der Welt.*“[14] Darin sind wir eingeschlossen: Salz der Erde, weil er uns dazu macht.

Sind Sie ehrenamtlich engagiert? Wer Christen kennen lernen will, trifft mit einer Sicherheit von 95:5 nicht auf einen Hauptamtlichen wie mich, sondern auf Sie. Ihr Ehrenamt ist die Hauptsache, mein Hauptamt hat dem zu dienen.

Er war Oberbürgermeister von Wuppertal, Minister und Ministerpräsident in NRW und zuletzt Bundespräsident: Johannes Rau. Er war akzeptiert als ehrlicher Mensch und als glaubwürdiger Christ weit über die Grenzen seiner Partei hinaus. Er hat alles an Ehre und Anerkennung erreicht, was in unserem Staat erreicht werden kann. Auf dem Dorotheenstädtischen Friedhof in Berlin liegt er begraben: ein schlichtes Grab für einen Menschen, dem Eitelkeit fremd war. Was würden Sie auf seinem Grabstein erwarten?

Johannes Rau hat nur einen Vers aus der Passionsgeschichte auf den Stein setzen lassen: „Dieser war auch mit dem Jesus von Nazareth“ (Matthäus 26, 71). Wichtigeres kann man über keinen von uns Christenmenschen sagen: Dieser, diese war auch mit dem Jesus von Nazareth. Rau lässt mit seinem feinen Humor noch etwas mitklingen: Jesus schenkt uns Gemeinschaft, obwohl er weiß, dass wir ihn alle irgendwann verleugnen wie Petrus. Jesus zu kennen, hat Petrus ja nachts auf dem Hof abgestritten. Wenn Jesus uns Verleugnern seine Gemeinschaft trotzdem schenkt, dann sind wir mit Petrus oder Johannes Rau in guter Gesellschaft.

14 Matthäus 28, 19–20

Hinaus: Meister-Service

Wozu braucht Jesus seine Jünger? „... *dass er sie aussende zu predigen und dass sie Vollmacht hätten die bösen Geister auszutreiben.*“ Er braucht sie als Meister-Service, im Dienst des Meisters. Sie gehen an seiner Stelle und mit seiner Autorität in die Dörfer und Städte Galiläas. Die verschiedenen Formulierungen in den Evangelien haben alle den gleichen Inhalt: Mit der Sendung der Jünger soll die Herrschaft Gottes in Worten und Zeichen unter die Menschen gebracht werden. Ist uns eigentlich klar, dass dieser Auftrag bis heute gilt? Der Auferstandene wird ihn wiederholen und alle Jüngerinnen, alle Jünger mit einbeziehen: Ihr seid meine Zeugen.

Dieses Reich Gottes verzichtet auf die üblichen Mittel: Es breitet sich nicht mit Schwert und Gewalt aus, es verzichtet auf Kapital und Wirtschaftsmacht. Es wird schlicht verkündigt: Die schon dazu gehören, erzählen davon. Die christlichen Gemeinden und Kirchen stehen und fallen mit diesem Auftrag: Sie sind Dienstleister, sind ausschließlich dazu da, dem Kommen des Reiches zu dienen.

Das ist eine der Schlüsselaufgaben für unsere Gemeinden: Dass wir alle Erzählkünstler werden. Denken Sie bitte nicht zuerst an uns, die wir predigen, denken Sie an Ihre Alltagskontakte! Das Wachstum der Gemeinden in den ersten drei Jahrhunderten beruhte zum allergrößten Teil auf diesen Alltagskontakten. Einer erzählt einem anderen, warum ihm die Beziehung zu Gott guttun kann. Eine erzählt einer anderen, wie die Kraft Jesu ihr die Lasten tragen hilft. Und so kommen Menschen in Kontakt mit Jesus.

Allerdings tritt jede Verkündigung gegen Mächte an: Diese Welt ist kein neutraler Marktplatz, wo jeder sein Eckchen unter einem großen Schirm hat. Sie ist beherrscht von Mächten, Interessen, Strukturen und gottfeindlichen Wesenheiten. Da kauft der „Geierfonds“ Donegal für drei Millionen die Schulden des bitterarmen Staates Sambia. Er kriegt sie billig, weil der Geber Rumänien sagt: Davon sehen wir wohl nichts wieder. Danach klagt der Fonds gegen Sambia vor einem Gericht in London auf Zahlung und schafft es, dass Sambia 17 Mio. zahlen muss.

Sambia, eines der ärmsten Länder der Erde: ⅔ der Einwohner müssen mit weniger als einem Dollar am Tag auskommen. Die 17 Millionen werden aus dem Etat für Soziales und Schule geschnitten, das bedeutet also drastische Einschnitte bei Gesundheitsversorgung und bei Alphabetisierung. Ein BBC-Reporter fragt Michael Sheehan, den Gründer des Fonds, ob er bei seinen Geschäften mit der Not der Ärmsten keine Gewissenbisse habe. Er antwortete, das seien nicht seine Schulden. Er hätte nur die Möglichkeit zu einem Investment genutzt.

Das ist der Dämon Gier, den haben wir in den letzten Jahren zur Genüge kennengelernt: 17 Millionen herausholen bei denen, die sich nicht wehren können. In der Wirtschaft merken wir: Nur gute Regeln treiben böse Interessen aus. Marktwirtschaft ohne Verantwortung vor Gott, ohne Rücksicht auf die Schwachen wird zum Dschungel, in dem nur die Mächtigen überleben. Jede Wirtschaftsordnung braucht einen Rahmen, der die Schwachen und Wehrlosen besonders schützt, sonst bekommt sie über kurz oder lang dämonische Züge.

„Dämonen“ ist das Fachwort des Neuen Testamentes für böse Mächte: Es wird kein Unterschied gemacht zwischen bösen gesellschaftlichen Strukturen und Mächten, die einzelne binden und fesseln. Diese Mächte wollen Menschen von ihrer Bestimmung, Gott und ihren Nächsten zu lieben, abhalten. Sie wollen gelingendes Leben verhindern, wollen Glaube, Hoffnung und Liebe klein halten – um jeden Preis. Wer da von dem einen Gott erzählt, der in Jesus seine Menschen befreit, wird ihren Widerstand spüren. Kampflos gibt es hier gar nichts.

Aber Jesus sendet seine Jünger nicht wehrlos aus. Er gibt seine Vollmacht mit. Da ist sein *Auftrag* für uns: Botschafter an Christi statt. Da ist sein *Ziel* durch uns: die Befreiung ausrufen. Und da ist seine *Kraft* in unserem Leben: Geht in meiner Vollmacht! Glaubt den Mächten nicht, wenn sie sich aufblähen: vor mir sind sie Scheinriesen, die umfallen, sobald ein Stärkerer auftritt, „ein Wörtlein kann sie fällen". Nicht *wir* sind stärker – wir bleiben schwach und angefochten. *Er* ist dieser Starke, der die Hölle plündern und das Himmelreich füllen kann. Es bleibt seine Vollmacht, vor der die Mächte zittern. Aber wir dürfen in ihrer Macht verkündigen.

Eine bunte Truppe: die Jesus-Bewegung

Da trifft ein Kölner zwei andere. Sie sprechen über ihre Nachnamen. Der Kölner sagt: „Mein Name ist Schmitz." – Einer der anderen sagt: „Das klingt ja nicht sehr bedeutend. Mein Name ist Bäcker, einer meiner Vorfahren hat das Brot für das letzte Abendmahl gebacken." Der andere heißt Zimmermann und tutet in das gleiche Horn: „Einer meiner Vorfahren hat die Krippe von Bethlehem gebaut. Und du?" – „Na ja", sagt der Kölner, „so viel ich weiß, war Eva eine geborene Schmitz."

Wie geht es Ihnen mit Ihrem Namen? Markus nennt sehr präzise alle Namen der zwölf Apostel. Namen bedeuten in der Bibel immer Identität. Sie sind mehr als Schmitz oder

Pompe: Sie sagen, wer ich bin, woher ich komme, wozu ich da bin, welcher Segen auf mir liegt. Kein Jünger Jesu ist gesichtslos, jeder von uns bleibt unverwechselbar. Keine Jüngerin Jesu ist ein unbeschriebenes Blatt, jede von uns wird mit ihrer Geschichte und ihren Erfahrungen berufen. Einige bekommen noch Beinamen: Das Weichei Petrus wird zum Felsenmann ernannt. Jakobus und Johannes bekommen den Spitznamen „Donnersöhne" – man darf spekulieren, mit welchem Temperament beide ausgestattet waren.

Diese zwölf waren eine bunte Mischung: Zöllner, die mit der römischen Besatzungsmacht eng zusammenarbeiteten, und Zeloten, die sie bis aufs Messer bekämpften. Politische Gegner auf engsten Raum zusammen. Fischer, Handwerker, Finanzleute – alle möglichen Berufe. Einer wird ihn verraten, einer wird ihn verleugnen, zehn werden weglaufen, als er sie braucht. Wenn Sie sich über die anderen in Ihrer Gemeinde ärgern, dann denken Sie an diese Mischung: Jesus will sie. Und denken Sie dran: Jesus will sogar Sie und mich dabei haben! Er muss verrückt sein. Weiß er nicht, wer wir sind?

Nein, er ist nicht verrückt. Ja, er weiß, wer wir sind, besser als wir selbst. Was für ein Vertrauen: Er wagt es, das Reich Gottes mit uns auszubreiten. Er vertraut seinen Jüngerinnen und Jüngern das Evangelium an. Wir sind die Jesus-Bewegung. Ja: Mit allen Ecken und Kanten. Aber mit ihm. Das ist entscheidend.

Der Tübinger Theologieprofessor und Sprachkünstler Hans-Joachim Eckstein meditiert es so: „Wer bist du?" – „Ich bin Jünger!" – „... jünger als wer?" – „Als Berufener bin ich Jünger!" – „Warst du denn vor deiner Berufung älter?" – „Das ist eine interessante Frage. Jedenfalls kam ich mir älter vor, als ich noch nicht Jünger war. Jüngersein ist schließlich die glücklichste Art, mit seinem alten Leben abzuschließen und jünger zu werden, als man es vor seinem Jüngersein war.“[15]

Zum Vertiefen:

- Wo und wie haben Sie den Ruf Jesu in Ihrem Leben erlebt?
- Wenn Sie sich nicht sicher sind, ob Sie diesen Ruf Jesu schon gehört oder beantwortet haben: Mit wem könnten Sie das klären?
- Was hilft Ihnen, mit anderen Ihre Erfahrungen des Glaubens zu teilen?
- Wo erleben Sie Offenheit für, wo Widerstand gegen das Evangelium? Und wie gehen Sie damit um?

15 Lieber Jünger als älter werden, in: H.-J. Eckstein, Himmlisch menschlich, Hänssler, Holzgerlingen 2006, 15

3. ALLTAG

BIBLISCHE REISEERFAHRUNG: RICHTER 6,1-32

Ein Fest, das den Alltag durchbricht, tut jeder Gemeinschaft gut. Viele Gemeinden feiern wunderschöne Sonntagsfeste. Aber spätestens ab Montag regiert wieder der Alltag – und der scheint oft genug mit dem Feiertag nichts zu tun zu haben.

Kennen Sie die Geschichte von den Diakonissen, die vom Buffet zu essen übrig haben? Gegenüber wird ein Neubau hochgezogen, also sollen es die Maurer bekommen. Die Diakonisse will wissen, ob wenigstens ein bisschen Frömmigkeit vorhanden ist. Sie sagt zu dem Ersten: „Ich bringe was zum Essen. Aber eine Frage vorher: Kennst du Pontius Pilatus?" Der grübelt, dann ruft er nach oben: „Kennt ihr Pontius Pilatus?" – „Nein", kommt es von oben zurück, „was willst du denn von dem?" – „Ich will nichts, aber seine Alte ist hier mit dem Essen!"

Oft wirken Alltag und Feiertag, Glaube und Leben wie Lichtjahre entfernte Sternensysteme – schon vor über 3.200 Jahren in Israel. Richter 6 schildert eine Gesellschaft, in der mehr wegbricht als nachkommt. Setzen Sie für die Midianiter die schlechte Konjunktur ein und für die aus dem Osten einfallenden Beduinen die internationalen Raubritter, die Konzerne zerschlagen, aus den weggefallenen Arbeitsplätzen Profit schlagen und anschließend wieder weg sind. Ergänzen Sie: Weniger Geld, weniger Kinder, schlechte Bildung, ausgehende Arbeit – setzen Sie für Israel eine kleiner werdende

Christenheit in Deutschland ein, deren Schrumpfen bisher weder von Gemeindeneugründungen noch von einwandernden Christen aus dem Süden ersetzt wird – dann sind wir bei uns heute.

Von außen gesehen: Midians Hand lag schwer auf Israel, Israel war extrem schwach (Richter 6,1-9). Wir sagen das manchmal auch: Wir sind gerade in einer schwierigen Situation, es ist ein steiniger Acker – aber das haben Christen eigentlich fast immer gesagt.

Und was macht Gott? *Als sie aber zum HERRN schrien um der Midianiter willen, sandte der HERR einen Propheten zu ihnen, der sprach zu ihnen: So spricht der HERR, der Gott Israels: Ich habe euch aus Ägypten geführt und aus der Knechtschaft gebracht und habe euch errettet aus der Hand der Ägypter und aus der Hand aller, die euch bedrängten, und habe sie vor euch her ausgestoßen und ihr Land euch gegeben und zu euch gesprochen: Ich bin der HERR, euer Gott! Ihr sollt nicht fürchten die Götter der Amoriter, in deren Land ihr wohnt. Aber ihr habt meiner Stimme nicht gehorcht.* (Richter 6,7-10)

Ihr seid mein Volk, für das ich alles investiert habe. Aber ihr nutzt jede Möglichkeit, euch meiner Stimme zu entziehen. Ihr mischt die Götter eurer Gesellschaft und wundert euch, dass ich nicht mitspiele. – Propheten deuten viel eher Gegenwart als dass sie geheimnisvolle Botschaften aussprechen. Der sambische Präsident Kenneth Kaunda sagte: „Das, was ein Land am dringendsten braucht, ist nicht ein christlicher Herrscher im Palast, sondern ein christlicher Prophet in Hörweite." Propheten sind Menschen, die vor anderen den Mut zu Gottes Wahrheit haben.

Gott tut noch etwas Zweites, und das wollen wir uns genauer ansehen: Er schickt seinem Volk Leiterinnen und Leiter, die sogenannten Richter. Nicht als Lösung aller Probleme. Manches Gerede über geistliche Leitung klingt, als ob Leitende mit dem Erlöser verwechselt werden. Aber Gott beruft Junge und Alte, Frauen und Männer im Alltag, Schwache und Angefochtene, die sich selbst nie berufen hätten. Richter 6 zoomt aus der nationalen Perspektive hinein in das Leben eines Einzelnen: Gideon, aus der Sippe der Abiesriter. Gideon Normalverbraucher wird berufen, dieses Volk herauszuführen aus der Schwäche.

Was bedeutet Berufung im Alltag für einen Normalverbraucher?

In deiner Kraft (Richter 6,11-14)

Gideon arbeitet in der Kelter, an einem möglichst unauffälligen und abgelegenen Ort, damit die Ergebnisse nicht den Falschen in die Hände fallen. Wir suchen uns im Alltag oft Nischen, um zu überleben. Wir ziehen den Kopf ein und ahnen doch, dass Nischenexistenz keine dauerhafte Lösung ist. Gott aber spricht uns in unseren Nischen an.

Ein Unbekannter besucht Gideon an seinem Arbeitsplatz mit den Worten: „*Der Herr ist mit dir, du starker Held!*“ Das ist nun nicht gerade Gideons Lebensgefühl. „Vielen Dank, das ist ja höflich, aber wenn Gott wirklich mit uns ist, sähe es doch wohl anders aus. Wo sind denn die Wunder, die wir in jeder Predigt hören? Die finden doch heute nicht statt …“

Kennen Sie diese Anfechtung: Eine deprimierende Gegenwart widerspricht den großen Sätzen der Verheißung? Manchmal entsteht diese Anfechtung auch aus christlichen Büchern oder Konferenzen, wo Leute unglaubliche Erfahrungen erzählen, sich wie Tarzan von einem Wunder zum nächsten schwingen. Und Sie hören das mit der stillen Frustration: Das passiert wohl allen anderen, nur dir nicht. Ich kann Sie trösten: Zumindest mit Gideon und mit mir sind Sie in guter Gesellschaft.

Gott hat übrigens keine Probleme mit diesem höflichen „Ich kann das nicht mehr glauben". Genau solche Normalverbraucher wie Gideon, wie Sie und mich will er gebrauchen. Es gibt gar keine lange Diskussion zwischen dem Boten Gottes und Gideon, sondern eine Berufung: Geh und befrei mit der Kraft, die du hast, Israel aus der Faust Midians! Gott sendet dich – in dieser deiner Kraft! Durch Berufung macht Gott uns alltagstauglich.

Das ist einer der tröstlichen Verse der Bibel: **In der Kraft, die du hast**! Nicht in der Kraft von irgendwelchen Glaubenshelden wie Dietrich Bonhoeffer, Mutter Teresa, Frère Roger, sondern in der Kraft, die Gott dir zutraut. Die Antwort Gottes auf unsere Anfechtungen, unseren Kleinglauben ist Berufung! Berufung an dem Ort, wo wir alltags zu finden sind, egal, ob das der Arbeitsplatz, die Uni oder der Haushalt ist. Wir erwarten Berufungen zumindest im Gottesdienst, am besten mit Engelerscheinung oder wenigstens mit einem einstimmigen Votum der Gemeindeleitung. Hier aber ist es ein Unbekannter, der einem Zweifelnden zuspricht: Gott braucht dich.

Kennen Sie Ihre Berufung? Ihren Auftrag an Ihrem Platz? Dort braucht Gott Sie, nicht im geistlichen Wolkenkuckucksheim. Wir beten: Ich bin doch berufen – hol mich hier raus! Gott antwortet: Du bist berufen – ich schick dich da rein!

Die Zaghaftigkeit des Gehorsams (Richter 6,15ff)

Berufung kann durchaus unserer Selbsteinschätzung widersprechen. Gideon jedenfalls ist völlig überrascht: „Wer? Ausgerechnet ich? Weißt du nicht, dass ich für die Rettung Israels die schlechtesten Voraussetzungen mitbringe? Meine Sippe ist die kleinste und ich bin der Jüngste!" – Wenn in einer Gesellschaft gerade von der Uni zur Beraterfirma gekommene Jünglinge mit Millionenverträgen die Aufgaben der Politik erledigen, klingt das durchaus missverständlich. Aber damals war man noch der altmodischen Ansicht, dass Lebenserfahrung mehr zählt als ein Millionengehalt mit 25 oder zweifelhafte Berühmtheit durch das Bestehen von „Dschungelprüfungen". Insofern ist Gideons Zweifel verständlich.

Gottes Antwort? *„Ich will mit dir sein."* Achten Sie auf die Bewegung dieser Geschichte (V17ff): Gideon bekommt zuerst die Verheißung – und dann wird sie erprobt. Sein Opfer nimmt der Bote Gottes auf wunderbare Weise an. Wir wollen es manchmal anders herum: Erst ein Zeichen, ein Wunder – und danach entscheiden wir, ob wir gehorchen. Gideon bekommt einen Auftrag – und seinen Gehorsam bestätigt Gott durch die mitfolgenden Zeichen. Und manchmal braucht es noch nicht einmal diese Zeichen.

Der erste Auftrag ist unmissverständlich: „Auf dem Grundstück deines Vaters steht ein Baals-Altar – der muss weg." Ob Gideon gerne diskutiert hätte? Muss es der Altar sein, würde nicht zuerst so etwas wie ein klitzekleines Fischzeichen auf dem Eselskarren reichen? – Nein, es müssen der Baal-Altar und die Säule der Göttin Aschera sein. Aschera und Baal stehen für Fruchtbarkeit, Erfolg und Durchsetzungskraft. Übrigens: Bis heute steht der Stier, das Bild Baals, für steigende Börsenkurse. Stellen Sie sich vor, jemand schmeißt die Fenster in der Bank seines Vaters ein und sagt: Gott hat mir dazu den Auftrag gegeben …

Gideon hat etwas sehr Sympathisches: Er macht das Ganze lieber nachts, weil er sich fürchtet. Er geht nicht öffentlich vor, sondern macht es möglichst unauffällig. Ich gestehe, ich kann das gut verstehen – genauso hätte ich es auch gemacht. Ich bewundere die großen Helden des Glaubens, z. B. Martin Luther, wie man ihn in dem Film „Luther" auf dem Wormser Reichstag sieht. Der Kaiser durchbohrt ihn mit Blicken, aber er weicht keinen Schritt zurück. Ich bin meist anders: voller Skrupel, manchmal würde ich mich am liebsten verkriechen. Mir ist das schon im Gottesdienst peinlich, wenn ich bei einem Kinderlied Bewegungen mitmachen soll. Ich verstehe Typen wie Gideon gut.

Auch wenn das in der Nacht stattfindet – zaghafter Gehorsam ist besser als kluges Abwarten. Selbst dieser zaghafte Gehorsam hat schon Folgen, er mobilisiert die öffentliche Meinung. Als ob auf den Leserbriefseiten der Lokalpresse Gideons Hinrichtung gefordert würde. Denn es ist ja doch schnell klar, wer das war. Nächste Wirkung: es solidarisiert seine Familie – sein eigener Vater stellt sich hinter ihn. Damit können Söhne, die Werte der Väter zerstören, nicht automatisch rechnen. Und es entzaubert die Götzen. Vater Joasch argumentiert ganz schlitzohrig: Soll doch Baal selbst für seine Verteidigung sorgen, wenn er über den zerstörten Altar sauer ist!

Und das war's – manchmal lösen sich Widerstand und Gegenwind auf wie nichts, wo Menschen Gott gehorchen. Demaskierte Götter und entlarvte Werte, die nichts wert sind, haben etwas Lächerliches. Setzen Sie für Baal schlechte Gewohnheiten oder überholte Werte ein, und Sie werden erkennen, wem die Altäre unserer Zeit errichtet werden. Ein Altar ist in der Bibel ein Ort der Erinnerung an Gottes Gegenwart. Statt des Baal-Altares steht nun ein neuer Altar für Gott da. Was vorher Menschen verführt hatte, dient nun dem Gottesdienst im Alltag.

Wie wäre es, wenn wir den Geiz-ist-geil-Altar bei uns ersetzen durch Freigebigkeit? Oder den Jeder-ist-sich-selbst-der-Nächste-Altar durch Nächstenliebe? Oder den Alle-Religionen-sind-sowieso-gleich-Altar durch die werbende Einladung zu Jesus Christus? Oder den Wir-haben-recht-Altar der eigenen Konfession oder Prägung durch die gegenseitige Stärkung der Christen? Öffentliche Wirkung hat jeder Götzensturz – so viel ist klar.

Etwas Schönes für Gott

Gideon erlebt die Geschichte eines veränderten Alltags: eine Berufung, die sein Leben umkrempelt, weil er Gottes Aufträge dort ausführt, wo er lebt. Gideon tut etwas Schönes für Gott, weil er von Gott fasziniert ist. Samuel hat einmal gesagt, dass Gehorsam für Gott schöner ist als alle Opfer (1. Sam 15,22). Wie kann ich etwas Schönes für Gott tun?

Etwas Schönes für Gott findet *in meinem Alltag* statt. Dort, wo ich täglich lebe, soll ich die Freundlichkeit Gottes zeigen und die Einladung Jesu bezeugen. Wo ist Ihr Alltag? Am Arbeitsplatz? Im Haushalt? An der Uni? An einer Kasse? Vor dem Bildschirm? Sie dürfen Gott dort ehren, indem Sie Ihre Arbeit zuerst für ihn machen. Er freut sich, wenn Sie es gut machen. Sie werden genau wie ich auch mühsames Alltagsgeschäft haben, aber wir dürfen es zuerst für Gott ausführen, nicht für unseren Arbeitgeber oder aus Pflicht. Stellen Sie sich vor, wie Sie Ihre Aufgabe erledigen, und Gott freut sich darüber – eine völlig andere Motivation entsteht!

Etwas Schönes für Gott *passt zu mir*: Ich darf es tun in der Kraft, die ich habe – eine klare Absage an die christlichen Heldenbilder, die wir manchmal haben. Das kann zaghaft sein. Aber wenn es zu mir passt, wird es große Wirkungen haben. Bei einer EKD-Synode tagten wir im feinen Ramada-Hotel Trier. Jemand erzählte, dass einmal im Monat drei Christen durch das Haus gehen und für das Hotel beten. Die Geschäftsleitung schätze das. Vielleicht ist dieses Gebet für das Haus wichtiger als die EKD-Synode. Alltagstauglich sind wir in der Kraft, die Gott uns zutraut.

Etwas Schönes für Gott ist etwas *Erkennbares*: Wir brauchen kleine Altäre im Alltag, erkennbare Zeichen, wem diese Welt gehört und wem wir vertrauen. Das kann ein Hinweis sein, wem Sie eine Erfahrung verdanken oder wo Ihnen Gott begegnet ist. Bei einer Veranstaltung hatte ich eine Begegnung mit einer Managerin und einem Manager des Bayer-Konzerns – beide aus ihren Kirchen ausgetreten, aber voller Neugier, endlich mal einen leibhaftigen Christen packen zu kriegen. Am Schluss gaben sie mir ihre Visitenkarten – die Frau, die zwischen Buddhismus und Christentum schwankte, lächelte: „Wenn Sie mal jemand missionieren wollen …" Was könnte passieren, wenn sie in ihrer Nähe glaubwürdigen Christen begegneten? Alltagstaugliche Christen sind erkennbar.

Etwas Schönes für Gott *tut meinen Nächsten und meiner Umgebung gut*. Wir leben seit der Vertreibung aus dem Paradies in einer Welt des Energiemangels. Der ungebremste Verbrauch der Rohstoffe ist nur das äußere Signal, dass es überall an Liebe mangelt. Nichts braucht diese Welt mehr als Klimaretter, die Gottes unerschöpfliche Liebe weitergeben. Wer Gottes Liebe weitergibt, ist ein wandelndes Klimarettungsprogramm. Alltagstaugliche Christen sind Klima-Verbesserer. Ich habe begonnen, mich beim Aussteigen aus dem Bus beim Busfahrer zu bedanken. Jemand hat mich befördert und ich will nicht mehr wortlos an ihm oder ihr vorbeigehen. Ahnen Sie, wie die Fahrer fast immer reagieren?

Genau: Sie sagen „Bitte!". – Und ich bin mir ziemlich sicher, dass sie sich darüber freuen.

Eine Lehrerin fragte in einer der ersten Klassen, was die Kinder Tieren schon an Freundlichkeiten erwiesen hätten. Es gab einige herzzerreißende Geschichten, dann kommt Tommy an die Reihe. Er sagte stolz: „Einmal habe ich einem Jungen einen Tritt gegeben, weil er einen Hund getreten hat." Mehr als nur Tritte für Tritte – was für eine Revolution der Werte könnte in diesem kleinen Jungen stattfinden, wenn er Menschen trifft, die ihn lehren, was in Gottes Augen schön ist: In dieser deiner Kraft bist du berufen, um – ruhig zaghaft – im Alltag etwas Schönes für Gott zu tun.

Zum Vertiefen:

- „In deiner Kraft" – was ist daran für Sie entlastend?
- Gibt es in Ihrem Leben Altäre, die abgerissen werden sollen?
- Was wäre etwas Schönes für Gott, das genau zu Ihnen passt?

AUSRÜSTUNG

4. GNADE

BIBLISCHE REISEERFAHRUNG: PSALM 103

Viele von uns führen Selbstgespräche, wenn sie versuchen, etwas klarer zu sehen. Meist sprechen wir unbeobachtet mit uns, etwa morgens vor dem Spiegel: „Was siehst du aber wieder zerknittert aus!" Wir selbst sind es, die uns herunterziehen. Psalm 103 fängt anders an: *„Lobe den Herrn, meine Seele, und was in mir ist seinen heiligen Namen, lobe den Herrn meine Seele und vergiss nicht, was er dir Gutes getan hat"* (V 1–2) – ein ermutigender Selbstaufruf.

Aber wie spricht man die eigene Seele an? Das Problem ist: Viele Menschen haben vergessen, dass sie für ihre Seele sorgen müssen. Sie spüren die Folgen eines seelenlosen Lebens, kennen aber nicht die Ursache. Sie suchen nach Ablenkung, nach Reizen, nach Substanz, aber sie begnügen sich mit Ersatzstoffen, Surrogaten für Gott. Das Leben bleibt fade, weil es im Vordergründigen bleibt. Man kann sich darin sehr gut einrichten und gar nichts vermissen: „Die glücklichen Sklaven sind die erbittertsten Feinde der Freiheit", sagt Marie von Ebner-Eschenbach.

Ein Mann erlebt, wie aufmerksam und liebevoll sein Freund seine Ehefrau behandelt. Als er das Haus betritt, fragt er sofort, wie ihr Tag gewesen war. Dann sagt er, wie gut sie aussieht. Nach dem Essen macht er ihr Komplimente und bedankt sich für das herrliche Essen. Als die beiden Freunde allein sind, fragt der Besucher: „Warum sagst du dauernd so viele positive Dinge?" – „Weil sie es verdient und weil es unserer Ehe guttut", antwortet der Gastgeber. Beeindruckt beschließt der Freund, das auch auszuprobieren. Als er nach Hause kommt, umarmt er seine Frau: „Schatz, du siehst einfach umwerfend aus!"

Und dann setzt er noch einen drauf und sagt: „Ich bin der glücklichste Mann auf der Welt." Seine Frau bricht darauf in Tränen aus. Völlig verwirrt will der Ehemann wissen, was los ist. Darauf schluchzt sie: „Was für ein Tag! Unser Sohn prügelt sich in der Schule, heute Nachmittag geht die Waschmaschine kaputt, und dann kommst du auch noch betrunken nach Hause!"

Nichts Gutes erwarten? Unsere Seele braucht Erinnerung, denn sie wird von vielen Seiten bedrängt und Gott gerät in den Hintergrund. „Seele" ist der biblische Fachausdruck für unser Leben vor Gott, für unsere Innenseite. Wir *sind* Seele, sind auf Gott hin geschaffen, ohne ihn vertrocknen wir wie eine Pflanze, die kein Wasser hat. Erinnerung an Gottes Güte beendet selbst verschuldete Gnadenlosigkeit. Das Hebräische benutzt das gleiche Wort (barach) für Segnen als *Gottes* Werk und für Loben als des *Menschen* Echo. „Lob ist also eine Art Zurückstrahlen des Segens",[16] Lob ist keine Pflicht, sondern etwas von Gott Ausgelöstes.

Lob Gottes öffnet Türen für die Gnade: Ohne diese Erinnerung bleibt unsere Seele einsam und dürr. Ignatius v. Loyola sagt: „Wir ahnen nicht, was Gott aus uns machen würde, wenn wir mehr auf seine Gnade eingehen würden." Das ist die Wette, zu der Psalm 103 einlädt: Lass dich überraschen, was Gottes Gnade aus uns machen kann. Vier Schritte aus

16 Othmar Keel, Ausdrücklich Leben, Texte zur Bibel 7, Neukirchen-Vluyn 1999, 88

der Nähe der Gnade in die Weite der Gnade, ohne dass Gottes Nähe verloren geht.

Die Nähe der Gnade

Eine junge, verwöhnte Ehefrau hat sich leicht erkältet und geht zum Arzt. Der Arzt sagt zu ihr: „Wissen Sie, Ihnen fehlt gar nichts! Ziehen Sie sich etwas wärmer an und gehen Sie mehr an die frische Luft!" Zu Hause angekommen, fragt der Mann seine Frau: „Na, was hat er dir denn verordnet?" – „Nicht viel", entgegnet sie, „nur eine Reise in den Süden, Spanien oder Italien und einen Pelzmantel!"

Egoismus ist nicht sehr beliebt. Wer immer erst an sich denkt, bekommt zuletzt einen schlechten Ruf. Es gibt aber auch das Missverständnis der falschen Selbstlosigkeit: Wer ständig nur an andere denken soll, kann eine kalte Atmosphäre der Freudlosigkeit um sich verbreiten. Er kann andere unter Druck setzen, weil sie auch nicht gut für sich zu sorgen wagen. Von Rabbi Jizchak Eisik wird überliefert: „Die Losung des Lebens ist: Gib und nimm. Jeder Mensch soll ein Spender und Empfänger sein. Wer nicht beides in einem ist, der ist ein unfruchtbarer Baum." Wer nur nimmt, lässt andere verkümmern. Wer nur gibt, wird selbst verkümmern. Deshalb erinnert uns Psalm 103 zuerst daran, wovon wir selbst leben:

„Der dir alle deine Sünde vergibt und heilet alle deine Gebrechen, der dein Leben vom Verderben erlöst, der dich krönet mit Gnade und Barmherzigkeit, der deinen Mund fröhlich macht, und du wieder jung wirst wie ein Adler." (V 3–5)

Gottes Gnade vergibt, heilt, erlöst? Ich bin mit fünf Freunden auf einer gemeinsamen geistlichen Reise zu Gott. Einer von ihnen sagt: „Ich möchte mich nicht schlecht fühlen müssen, um zu Gott zu kommen." Er empfindet „Gnade" als niederdrückend: Eigentlich verdienst du es nicht, aber wenn du dich erniedrigst, drückt Gott ein Auge zu. – Was für ein Missverständnis! Gnade antwortet auf die drei großen Miesmacher unseres Lebens, auf Schuld, Krankheit und Tod mit den drei großen Wohltaten Gottes: mit Erbarmen, mit Freude und mit Erneuerung der Kraft. Gnade macht nicht klein, sondern groß: Sie krönt uns zu Königen der Gnade, zu Königinnen der Barmherzigkeit. Übersetzen Sie Gnade einfach mit „Freundlichkeit" Gottes.[17]

Haben Sie mal in einer Vogelwarte erlebt, wie Adler auffliegen? Da ist nichts von Kleinheit oder Duckerei. Der Adlerflug ist schiere Kraft, ist Überwindung der Schwerkraft. Gnade macht stark, sagt Jesaja: Die auf den Herrn harren kriegen neue Kraft, dass sie auffahren mit Flügeln wie Adler (Jes 40, 31). Es ist eine wunderbare Erfahrung, wenn unser Herz fest wird, sagt der Hebräerbrief – und das geschieht durch Gnade (Hb 13,9). Gnade heilt die Seele, Gnade schafft ein befreites Ich, Gnade formt eine starke Persönlichkeit.

Die Gemeinschaft der Gnade

Nun ist das mit der Erinnerung manchmal nicht so leicht. Sie lesen dies vielleicht gerade sehr traurig: „Alles ist weg. Ich stecke im Tal und kann nicht heraus." Psalm 103 lockt uns weiter, vom kleinen Ich zum gemeinsamen Lob der versammelten Gemeinde.

Der HERR schafft Gerechtigkeit und Recht allen, die Unrecht leiden. Er hat seine Wege Mose wissen lassen, die Kinder Israel sein Tun. Barmherzig und gnädig ist der HERR, geduldig und von großer Güte. Er wird nicht für immer hadern noch ewig zor-

17 Nach O. Keel, a.a.O., 82

nig bleiben. Er handelt nicht mit uns nach unsern Sünden und vergilt uns nicht nach unsrer Missetat. Denn so hoch der Himmel über der Erde ist, lässt er seine Gnade walten über denen, die ihn fürchten. So fern der Morgen ist vom Abend, lässt er unsre Übertretungen von uns sein. Wie sich ein Vater über Kinder erbarmt, so erbarmt sich der HERR über die, die ihn fürchten (V 6–13).

Ein Pfarrer trifft einen Nachbarn auf der Straße. „Nichts für ungut, dass ich nicht zur Kirche komme, aber da sind mir zu viele Heuchler." Der Pfarrer antwortet freundlich: „Für einen mehr wäre schon noch Platz". – Die Gemeinschaft der Heiligen ist kein Fitnessstudio für Fehlerlose, sondern ein Treffpunkt der Bettler und Bedürftigen. Wir haben die anderen nötig wie sie uns. Sie tragen uns, wenn wir selbst uns fallen lassen. Sie erinnern uns, wenn wir Gott zu vergessen drohen.

Gottes Wesen erfasst kein einzelner Mensch, auch nicht viele zusammen, aber Gott ist lebendig über dem Lob der versammelten Gemeinde. Der Leidenspsalm Jesu sagt: „Du bist heilig, der du thronst über den Lobgesängen Israels" (Ps 22,4). Eine lobende Gemeinschaft erinnert sich an Gottes große Taten, an seine Geschichte mit Israel, an Mose und all das Handeln Gottes in der Geschichte.

Es klingt paradox, aber ohne diesen Blick zurück gibt es keine Zukunft. „Erinnerung ist das Geheimnis der Erlösung",[18] sagt der Talmud. Wir erinnern uns deshalb an Gottes Taten, damit wir sie erneut und zu unserem Besten erwarten. Der Philosoph Kierkegaard hat dafür das Bild der Ruderer: „Wer ein Boot rudert, kehrt dem Ziel, dem er sich doch entgegenarbeitet, den Rücken zu."

18 Vollständig: „Das Vergessenwollen verlängert das Exil, und das Geheimnis der Erlösung heißt Erinnerung". Der Spruch steht über der Gedenkstätte Jad Vaschem in Jerusalem.

Deshalb sind wir Christen auf die gemeinsame Erinnerung an Gott angewiesen: Sie öffnet uns unsere Zukunft. Wir brauchen den Blick zurück nach vorn. Beim Abendmahl erinnern wir uns an den Tod des Herrn, *bis er kommt.*[19] Die Bibel ist gesammelte Erinnerung an Gottes Taten: Wir schützen uns damit gegen Apathie und Resignation, wehren uns gegen die Gewöhnung an Sünde und Ungerechtigkeit, kämpfen gegen Unschuldswahn und Heuchelei. Fulbert Steffensky sagt: „Wenn die Kirche die Bibel liest, ist sie nicht nur getröstet und erbaut. Sie muss es auch wagen, das Buch gegen sich selbst zu lesen. Sie muss es wagen, sich in Widersprüche verwickeln zu lassen."[20]

„Das ist das Geheimnis der Gnade: es ist nie zu spät."[21] Psalm 103 erinnert uns: Gott ist kein Prozesshansel, trägt nicht ewig nach. Das ist unfassbar groß, öffnet die Weite der Gnade über uns wie den Sommerhimmel, trennt uns so uneinholbar von Schuld und Versagen wie den Morgen vom Abend. Psalm 103 erinnert an seine Barmherzigkeit: „Barmherzigkeit" enthält das hebräische Wort für Mutterschoß, für den Ort, wo neues, noch sehr verletzliches Leben wachsen kann. Erbarmen meint nicht Mit*leid*, sondern Mit*fühlen*, Mitfreuen, ein Bewahren Gottes, das uns ins Leben hilft.[22]

Gottes Freundlichkeit erreicht die, die ihn „fürchten", denen er also etwas bedeutet. Sie haben ihn als Gott kennengelernt, dessen Ansprüchen sie nicht mehr vergeblich hinterherlaufen, sondern bei dem sie bleiben dürfen: wie bei einer mitfühlenden Mutter, wie bei einem ins Leben begleitenden

19 Paulus in 1. Kor 11, 26

20 Fulbert Steffensky, chrismonplus 2/2010, 76

21 Das Wort wird dem französischen Schriftsteller François Mauriac zugeschrieben.

22 O. Keel, a.a.O., 90

Vater. Gemeinde ist die Gemeinschaft der zur Freiheit Begnadigten.

Die Solidarität der Gnade

Wieder wird der Kreis weiter: Von der Gemeinschaft der Heiligen geht es zur Solidarität der vergänglichen Menschen.

Denn er weiß, was für ein Gebilde wir sind; er gedenkt daran, dass wir Staub sind. Ein Mensch ist in seinem Leben wie Gras, er blüht wie eine Blume auf dem Felde; wenn der Wind darübergeht, so ist sie nimmer da, und ihre Stätte kennet sie nicht mehr. Die Gnade aber des HERRN währt von Ewigkeit zu Ewigkeit über denen, die ihn fürchten, und seine Gerechtigkeit auf Kindeskind bei denen, die seinen Bund halten und gedenken an seine Gebote, dass sie danach tun (V 14–18).

Vergänglichkeit teilen alle Menschen. Mit Paulus gesagt, will der Psalm uns in das tiefe Seufzen der Schöpfung über ihre Vergänglichkeit verwickeln (Rö 8,18-22). Teilen wir eigentlich dieses Leiden? Gibt es Punkte, wo wir die tiefe Hinfälligkeit, die unlösbaren Probleme der Menschheit an uns heranlassen? Haben wir einen Ort der Solidarität mit einer seufzenden Welt?

Es gibt eine tiefe Sehnsucht nach Gnade in der Welt und manche Künstler können sie besonders ausdrücken. Kunstschaffende, meint Nick Baines, der Bischof von Bradford, beleuchteten dunkle Ecken und ermutigten uns, die Welt anders zu sehen. Er liebe die Lieder der Popkünstler, weil sie vermögen, ihre Wirklichkeit auszudrücken, auch wenn sie vorläufig, seltsam, albern, vergänglich, widersprüchlich oder auch einfach bloß bescheuert sei. Er finde dort Überraschungen, weil wir in ihren Erlebnissen und Überzeugungen Blicke auf Gott erhaschen könnten.

Einer der großen Popkünstler war Elvis Presley. Er starb mit 42 Jahren an Herzversagen. Seine Ranch ist heute samt Grab eine Touristenfalle und Geldmaschine. Wissen Sie, wie er diese Ranch genannt hat? „Graceland", Land der Gnade. Elvis ist mit Gospel aufgewachsen, hat Singen in der Kirche gelernt. Welche Gnade hat dieser Künstler, der bis heute von Fans vergöttert wird wie ein Halbgott, wohl gesucht?

Ein anderer höchst erfolgreicher Popkünstler war Michael Jackson, der zeitweise mit Elvis' Tochter verheiratet war: Seine Ranch hieß „Neverland", Niemalsland, nach dem geheimnisvollen Reich von Peter Pan, wo man nie erwachsen werden muss. Was deutet dieser Künstler damit an, der unglaublich erfolgreich und zugleich tief unglücklich war?

Wir können das Seufzen der Vergänglichkeit, das Leiden an den eigenen Irrwegen, die Sehnsucht nach einem zutiefst abgelehnten Gott auch in der Malerei, in der Literatur, in der Philosophie entdecken. Überall Spuren der Erfahrung, dass der Mensch wie eine Blume ist, die nach kurzer Zeit spurlos vergeht. Die Gnade Gottes währt von Ewigkeit zu Ewigkeit – Solidarität mit dieser Welt will ihr von dieser Gnade erzählen, damit die ganze Welt in Gott Ursprung und Ziel findet.

Der Physiker Carl Friedrich v. Weizsäcker sagt: „Die tiefste Erfahrung von sich selbst, zu der der Mensch in seiner Natur und in der Gesellschaft vordringt, lautet nicht Freiheit, sondern Ohnmacht. Die tiefste Erfahrung vom Gelingen menschlichen Lebens ist nicht eine Erfahrung von eigener Macht, sondern von Gnade. Die tiefste Erfahrung des Menschen ist nicht der Mensch, sondern Gott."[23] Das Fazit eines

23 Carl Friedrich von Weizsäcker in: Koeppen/Spennhoff/Wolf, Spuren des Lebens, Aussaat 1998 (3. Aufl), 147

weltberühmten Naturwissenschaftlers: Am Ende aller Suche wird Gott gefunden, Gottes Gnade ist der Schlüssel zum Gelingen des Lebens.

Im Mai 2009 war ich in London und habe mich zum ersten Mal in die „Tate Modern" gewagt: Ein altes Kraftwerk am Themseufer, von oben bis unten gefüllt mit moderner Kunst. Hans-Hermann Pompe und moderne Kunst haben ein durchaus gespanntes Verhältnis. Hans-Hermann sagt: „Ich will dich verstehen." Moderne Kunst antwortet: „Du sollst mich gar nicht verstehen." Hans-Hermann sagt: „Was soll dann das Ganze?" Kunst antwortet: „Das ist *dein* Problem." Und da ist unser Gespräch dann oft zu Ende. In vielen Sälen der Tate Modern ging es mir so – ich landete z. B. bei einem ganzen Zimmer mit zwei Installationen von Josef Beuys. Rechts hing alles Mögliche von der Decke, um am Boden auf allerlei anderes zu treffen, links ergoss sich ein Rudel Schlitten aus einem VW-Bus. Dazwischen ging ich und wollte etwas verstehen, was sich erfolgreich dagegen wehrte.

Aber im nächsten Saal bin ich lange stehen geblieben. Pepe Espaliú, ein spanischer Künstler meines Jahrgangs, Aids-Kranker der ersten Generation, hat 1989, wenige Jahre vor seinem Tod, eine schlichte Installation fertiggestellt. Vier überdimensionale, mehrere Meter hohe Wischmops aus Bronze in Reihe, alle in einer parallelen Bewegung des Aufwischens begriffen, das Ganze gerahmt von drei Wasser-Bildern. Der Titel hat mich elektrisiert: „To an unknown God" (einem unbekannten Gott) – ein wörtliches Zitat aus der Predigt des Paulus in Athen (Apg 17,23).

Da streckt einer die Sehnsüchte und Probleme seines zu Ende gehenden Lebens hoch in einen Himmel, dem er die Griffe hinhält: Kein Mensch könnte vier Meter hohe

Wischmops handhaben. Da ahnt ein Aids-Kranker mehr von Reinigung und Vergebung als viele Gerechte, die das nicht nötig finden: Für ein ganzes Leben braucht es weit mehr, als wir je selbst tun können. Er gestaltet diese Wischmops als bewegte, obwohl kein sichtbarer Akteur sie in den Händen hält. Bilder von lebendigem Wasser an der Wand verstärken diese zaghafte Sehnsucht nach Heilung, Reinigung und unsichtbarem Eingreifen. Die ganze Installation schreit für mich: Vertraue ich zu Recht auf die Nähe eines unsichtbaren oder unbekannten Gottes? Kennt vielleicht jemand diesen Gott? Muss er unbekannt bleiben? – Die größte Nähe zu dieser Welt hat Gott selbst geschaffen. Seine Gnade hat einen Namen: Jesus Christus (Joh 1,14.17).

Die Weite der Gnade

Und noch einmal wird unser Blick geweitet: Vom Wir der Menschheit zum Lob der gesamten Schöpfung:

Der HERR hat seinen Thron im Himmel errichtet, und sein Reich herrscht über alles. Lobet den HERRN, ihr seine Engel, ihr starken Helden, die ihr seinen Befehl ausrichtet, dass man höre auf die Stimme seines Wortes! Lobet den HERRN, alle seine Heerscharen, seine Diener, die ihr seinen Willen tut! Lobet den HERRN, alle seine Werke, an allen Orten seiner Herrschaft! Lobe den HERRN, meine Seele! (V 19–22)

Ich fand eine Karikatur, auf der ein ehemaliger Gefangener sehnsüchtig von außen, aus der Freiheit zurück in seine Zelle schaut: Er sehnt sich nach dem, was er kennt – und verpasst die Weite der Freiheit. Das Kleinklein unseres Alltags, die laufenden Geschäfte von Beziehungen, Beruf und Gemeinde können wie ein Gefängnis wirken. Es gibt dann nichts anderes mehr – keine Not anderer, keine Hoffnung für die

Welt. Wer Gott nur für sich denkt, wer Jesus nur auf die eigene Gemeinde beschränkt, bleibt beim Mikrokredit: klein gedacht, eng geglaubt, wenig gehofft, eingeschränkt geliebt. Die Bibel denkt weiter: Gott will die gesamte Menschheit retten, ihn lobt das gesamte Universum. Gnade ist Gottes unbegrenzter Kredit: Sie reicht viel weiter, als wir ahnen.

Es gibt eine Muffigkeit, die die Weite der Gnade dringend braucht: Wie verbrauchte Luft in einem Zimmer, wo lange die Fenster geschlossen waren. Psalm 103 sagt: Bitte nicht zu klein von Gott denken! Ja, er ist an mir persönlich höchst interessiert, aber er ist nicht exklusiv für mich gedacht. Ja, Gott beruft auch die neben mir, er schafft Gemeinde Jesu. Aber selbst die Gemeinde ist nicht das Ende seiner Werke, sie ist sein Werkzeug. Sie soll der ganzen Welt das Lied der Gnade zusingen.

Sie tut es im Konzert mit den Engeln, Mächten und Gewalten. Auch in der unsichtbaren Welt loben die Engel, die Diener Gottes, seine Helfer und Boten, sie loben seine Werke. Bitte nicht vergessen: Gnade ist das Wesen des Schöpfers; er hat Himmel und Erde geschaffen, sein Reich herrscht über alles. Deshalb weitet der Psalm unseren Blick auf das gesamte Universum: Lobet den Herrn alle seine Werke – an allen Orten!

Der Engländer John Newton war bis 1748 Kapitän eines Sklavenschiffes – und er verdiente gut daran. Er lebte davon, dass er anderen Menschen die Freiheit raubte und sie ins Elend stürzte. Der gleiche Mann hat das wunderschöne Lied „Amazing Grace" gedichtet: „Erstaunliche, nicht zu begreifende Gnade, die einen Schurken wie mich errettete. Ich war verirrt, dem Tod geweiht, du hast mich heimgebracht."

Wie passt dieses Lied zum Menschenhändler? Zwischen der Sklaverei und diesem Lied liegt eine Begegnung mit Jesus: ein Schiffbruch, bei dem ihm aufging, dass Gott Wirklichkeit ist. Voller Scham über sein früheres Leben bekämpfte er ab da den Sklavenhandel. Dass Gott jemand wie ihn gebrauchen wollte, konnte er nur als Gnade bezeichnen. Begegnung mit dem Auferstandenen ist Begegnung mit der Liebe Gottes. „Wir ahnen nicht, was Gott aus uns machen würde, wenn wir mehr auf seine Gnade eingehen würden", sagte Ignatius v. Loyola. Psalm 103 denkt noch weiter: Wir sollen staunen, wie sehr Gott auf uns eingeht – und was das aus uns machen wird.

Zum Vertiefen

- Gnade als Antwort auf die Miesmacher unseres Lebens – wo brauchen Sie Gnade gerade besonders?
- Gemeinsame Erinnerung: Wie können Sie dazu beitragen?
- Wo spüren Sie das Seufzen der Vergänglichkeit?
- Die Weite der Gnade – was daran tut Ihrem Leben gut?

5. LIEBE

BIBLISCHE REISEERFAHRUNG: RÖMER 5,5-8

Die halbe Blumenindustrie lebt davon, dass Menschen Blumen für einen starken Beweis der Liebe halten. Nicht nur am Valentinstag, sondern auch im Rest des Jahres. Und nicht nur die Blumenindustrie – auch Juweliere, Restaurants oder Reiseveranstalter profitieren davon.

Aber *muss* Liebe Beweise liefern? Und wenn ja: *Kann* sie es überhaupt? Und *was* wäre für Sie ein überzeugender Beweis der Liebe? Ein Schotte spricht vor seinem Sterben mit seinen drei Söhnen. „Ihr habt mich zuletzt immer kurz gehalten, deshalb wünsche ich mir als Beweis eurer Liebe, dass ihr mir 1.000 Pfund mit in den Sarg gebt." Nach der Beerdigung unterhalten sich die Brüder, wie sie mit der Bitte des Vaters umgegangen sind. Der Erste sagt: „Was soll ich machen? Ich hab ihm 1.000 Pfund hineingelegt". Der Zweite zuckt die Schultern: „Und ich hab ihm zwei 500-Pfund-Noten mitgegeben." „Und du?", fragen sie den Dritten. „Ja, ich hab ihm einen Scheck ins Grab gelegt."

Wir ahnen alle, dass Liebe, die nichts kosten darf, nichts wert ist. Und wir ahnen ebenso gut, dass Geld kein wirklicher Beweis von Liebe ist. Du bist geliebt – das ist eine der schönsten Zusammenfassungen der biblischen Botschaft. „Geliebt" gehört in die erste Liga der großen Worte wie „erlöst" oder „befreit". Zugleich bleibt ein tiefes Problem, wenn wir von Gottes Liebe reden: „Geliebt" ist kein funkelnder

Edelstein mehr, es ist abgegriffen, zu einer Banalität geworden.

Paulus redet anders. Er staunt über den Preis dieser Liebe. Nur wer versteht, was Gottes Liebe ihn gekostet hat, wird ihre Wirkung erfahren. Wo wir dem besonderen Weg der Liebe Gottes nachgehen, wird sie zum überzeugenden Beweis.

Lesen Sie dazu Römer 5, 5-8, hier in der schönen Übersetzung von Klaus Haacker.[24]

„(5) Die Hoffnung aber enttäuscht nicht; denn die Liebe Gottes hat unsere Herzen überschwemmt durch den Heiligen Geist, der uns gegeben wurde. (6) Christus ist nämlich, als wir noch schwach waren, für damals noch Unfromme gestorben. (7) Für einen Gerechten zu sterben, besteht ja wohl kaum einmal ein Anlass. Der kühne Entschluss, für eine gute Sache den Tod auf sich zu nehmen, kommt wohl gelegentlich vor. (8) Gott aber erweist seine Liebe zu uns darin, dass Christus für uns gestorben ist, als wir noch Sünder waren.“

Wir brauchen diesen Gedankengang, weil hier die innere Logik von Gottes Liebe klar wird, weil wir Gottes Liebe ohne ihren Preis nicht erfahren können und weil wir nur von ihr verändert werden, wenn sie uns überzeugt hat.

Das Risiko: Was Gottes Liebe wagt

Als der indische Herrscher Shah Jahan seine über alles geliebte Ehefrau Mumtaz Mahal verlor, ließ er ihr aus Marmor den berühmtesten Liebesbeweis der Welt bauen: das Taj Mahal. Nun können die wenigsten einfach aus Liebe ein Weltkulturerbe errichten; und gelegentlich sind wirtschaftliche Gründe

24 Klaus Haacker, Der Brief des Paulus an die Römer: ThHK 6, EVA Leipzig: 111

wichtiger als ein Weltkulturerbe. Aber es gibt etwas Gemeinsames zwischen diesem Stein gewordenen indischen Liebesbeweis und unseren kleinen Liebesbeweisen. Unsere Zeichen reagieren auf erfahrene Liebe, sie buchstabieren etwas nach, sie zeigen, was wir erfahren haben. Wir tun, zeigen, schenken, weil wir selbst geliebt werden.

Das unglaubliche Wunder der Liebe Gottes aber ist ihre Vorgabe: Christus ist für uns gestorben, als wir noch gottlos, als wir Sünder waren. Ohne irgendeine Liebe seiner Menschen, ohne eine Erwartung ihrer Reaktion gibt sich der Schöpfer hin an seine Menschen. Diese Liebe riskiert die vollkommene Ablehnung – und erfährt sie auch am Ende des Weges Jesu. Die Sehnsucht des Schöpfers wird von seinen Geschöpfen abgelehnt, mit Dornen verspottet und auf ein Kreuz genagelt.

Stellen Sie sich vor, Sie wären vorher gefragt worden. Sich selbst hinzugeben für Ablehnende? Sich zu investieren in die, die zu schwach sind für eine Antwort? Hätten Sie Gott zu diesem Risiko geraten? – Gott riskiert es. Die Logik seiner Liebe ist ihre Selbstlosigkeit. Sie kann nichts gewinnen, denn sie opfert sich für Unfromme, für Desinteressierte. Sie hat nichts davon, denn der Sünder kann dem Heiligen Gott nichts geben. Die Logik dieser Liebe ist reine Zuneigung zum Gegenüber, lange vor einer Antwort, unabhängig von einer Gegenreaktion.

Es gibt Theologen wie Klaus-Peter Jörns, die diese Für-uns-Logik des Kreuzes als Missverständnis aufgeben wollen. Sie argumentieren, dass Gott den gewaltsamen Tod Jesu nicht nötig hatte. Sie meinen, Tod als Sühne sei überholt, lenke nur von der Gewaltlosigkeit des Wanderpredigers aus Nazareth ab. Sie wollen die bedingungslose Liebe Gottes um das „für uns" erleichtern – aber sie berauben das Kreuz damit seines Kerns. Denn wer Gott nicht in Jesu Leiden hineindenkt, behält nur eine dünne Suppe übrig: Einen Märtyrer, der sich für seine Ideen hingegeben hat. Zumindest in der Sach-Logik unterscheidet sich dann das Sterben Jesu nicht mehr von einem – aus unserer Sicht – irregeleiteten Selbstmordattentäter: Er stirbt für das, was er für richtig hält.

Bei Jesus ist es anders. Hans-Joachim Eckstein stellt klar: „In dieser Bereitschaft Christi zur Hingabe wird die Einstellung seines *Vaters* der Welt gegenüber deutlich. Der Sohn kam ja nicht gegen den Willen des Vaters, sondern wurde ausdrücklich von ihm selbst gesandt … Aufgrund seiner *unbedingten* (uneingeschränkten) Liebe will Gott *unbedingt* (unter allen Umständen) mit seinen Menschen zusammen sein.“[25]

Lassen Sie sich nicht beirren. Das Kreuz ist kein Betriebsunfall auf dem Weg eines guten Menschen. „Für uns“ ist kein Sprachmuster, das wir hinter uns lassen können. Sühne muss nicht einen zornigen Gott besänftigen, sondern ermöglicht eine Beziehung. Jesu Sterben ist der ultimative Beweis der Liebe Gottes. Ohne Bedingungen, die vorher erfüllt sein müssen. Ohne Erwartungsdruck, dass wir endlich reagieren. Ohne Auswahl der Empfangsberechtigten. Nur selbstlose Liebe – für uns.

Hätten Sie Gott zu diesem Risiko geraten? Ein Zyniker hätte gesagt: Lass es, sie werden es dir nicht lohnen. Ein Zyniker ist – nach Oscar Wilde – ein Mensch, der von jedem Ding den Preis und von keinem den Wert kennt. Gott ist kein Zyniker, würde Luther antworten, sondern ein glühender Backofen voller Liebe. Er kann nicht anders, weil sein Wesen Liebe ist.

---

25 Hans-Joachim Eckstein, Glaube, der erwachsen wird, 6. Aufl., Holzgerlingen 2002, 19-21

Die Überflutung: Wo sich Gottes Liebe schenkt

Liebe wird nicht bewiesen, sondern erfahren. Hoffnung entsteht aus Begegnung, nicht aus Argumenten: Der Geist befeuchtet, ja überschwemmt unsere Herzen mit der Liebe Gottes. Dahinter steht ein prophetisches Bild der Erwartung: Gottes Geist kommt wie Wasser auf das Durstige und Ströme auf das Dürre (Jesaja 44,3). Haben Sie erlebt, wie dürrer Boden auf Regen reagiert? Wenn alles verdorrt und staubig ist? Wie die Schöpfung auf die ersten Tropfen des Regens wartet? Solche Überschwemmungen werden sehnlich erwartet, sie lassen neues Leben entstehen.

Die Liebe Gottes ist ausgegossen in unser Herz. Wissen Sie, was „Herz" in der Bibel meint? Paulus denkt nicht an die Pumpe im Brustkorb, er denkt auch nicht zuerst an die Gefühle. Er denkt als Jude biblisch. Das Herz (hebr: Leb) meint im Alten Testament auch unsere *Gefühle* – aber noch viel mehr! Herz sind auch unsere *Wünsche*. Herz ist auch unsere *Vernunft*. Herz ist auch unser *Wille*, denn hier fielen die Lebensentscheidungen, hat es der Ausleger H.W. Wolff zusammengefasst. Unser Herz meint die innere Mitte unserer Person, da wo wir echt sind.

Als Person und von meiner Erziehung her bin ich eher ein Kopftyp. Aber ich weiß, dass ich mindestens 80 % meiner wichtigen Entscheidungen im Herzen treffe. Was mich wirklich berührt, muss mich dort erreichen, was mein Leben verändert, ebenso.

Gottes Geist kann wie ein Regen der Liebe meine verdorrten Gefühle befeuchten, kann meine engen Wünsche weit machen, kann meine verstaubte Vernunft entrümpeln, meinen blockierten Willen bewegen. Es geht um unser Herz, weil Gott weiß, wo sich unsere Wege entscheiden. Weil die

Liebe Gottes nicht nur für ein paar angenehme Gefühle gut ist, sondern für ein verändertes Leben.

Vielleicht denken Sie in diesem Moment: Davon spüre ich oft so wenig. Eine Vermutung: Könnte das daran liegen, dass wir selbst wenig Zugang zu unseren Herzen finden? Unser Herz ist gesichert wie Fort Knox. Diese Festung schließt sich nur der bedingungslosen Liebe Gottes auf.

Klaus Douglass hat mich darauf aufmerksam gemacht: Die Gottesliebe ist ein blinder Fleck der evangelischen Theologie. Unsere Tradition weiß viel über Nächstenliebe, wir hatten ein Wichernjahr, unsere Kirchen sind Anwältinnen der Armen – und das ist gut so. Aber es gibt fast keine evangelischen Theologen, die Gottesliebe durchdacht haben. Jesus hat eine klare Reihenfolge aufgestellt: Gott lieben von ganzen Herzen! Und dann und nur so den Nächsten wie uns selbst. Nächstenliebe ohne Gottesliebe tendiert zum Burnout: Ohne Gottesbegeisterung bleibt sie mühsame Pflichterfüllung, wird nie Liebesgeschichte.

Dazu müssen wir den Schatz in unserem Herzen heben: Die Liebe *ist* ausgegossen, sagt Paulus, durch den Geist, der uns gegeben *ist*. Aber bei vielen wartet dieser Schatz noch darauf gehoben zu werden.

Die Agentur: Wer für Gottes Liebe steht

Christus ist für Unfromme, für Gottlose gestorben, argumentiert Paulus, als wir noch Sünder waren – und wenige Verse später (Röm 5, 10) sagt er sogar: für Feinde. Wieso? Wir haben Gott doch nicht den Krieg erklärt. Doch, sagt Paulus. Wir haben ihm die Ehre verweigert, die ihm zusteht. Es gibt ja auch kalte Kriege: Die beiden Koreas sind seit Jahrzehnten in einem nicht beendeten Kriegszustand. Deshalb ist jede Entdeckung der Liebe Gottes, ist jede Lebensantwort auf Jesus zugleich ein Friedensschluss. Ich beende den kalten Krieg, ich beginne eine Beziehung der Liebe.

Der preußische König Friedrich Wilhelm II. war berüchtigt für sein Temperament. Wenn er mit seinem Krückstock durch die Straßen Berlins ging, machten sich die Leute schnell davon. Ein Berliner drückte sich aus Angst in einen Hauseingang, wurde aber vom König angefahren: „Was sucht er hier?" Aus Angst, für einen Einbrecher gehalten zu werden, platzte er mit der Wahrheit heraus: „Ich wollte eurer Majestät aus dem Wege gehen." – „Warum wollte er mir aus dem Wege gehen?" – „Weil ich vor eurer Majestät Angst habe." – Da schüttelte der König den Mann heftig und schrie: „Wie kann er es wagen, Angst vor mir zu haben! Ich bin sein König. Lieben soll er mich! Lieben!"

So wird es nicht gehen: Liebe ist das Ende der Furcht. Lieben kann nur, wer Interesse am anderen entwickelt. Christen sind ehemalige Feinde, die durch Jesus zu Geliebten geworden sind. Und deshalb können sie überhaupt sich ihren Feinden zuwenden.

Der Göttinger Theologe Hans-Georg Geyer hat die Gemeinde eine „Agentur der Feindesliebe Gottes" genannt: Sie vertritt das unwiderstehliche Interesse des Vaters im Himmel an einer Erde, die durch das Kreuz für immer von der Passion des Sohnes ergriffen ist. – Haben Sie gehört? Die Erde ist für immer von der Passion des Sohnes ergriffen!

Wie aber reagieren wir als Agentur der Feindesliebe Gottes, wenn uns widersprochen wird, wenn wir angegriffen werden? Der englische Bischof John Finney hat einmal gesagt: „Richtet euch drauf ein, der Wind wird rauer. Es ist Trend geworden, atheistisch zu sein." – Mein Eindruck ist: 80 % des Widerstandes der neuen Atheisten greift Gott an, weil sie Verhalten und Denkmuster der Christen auf ihren Gott zurückführen. Der Biologe Richard Dawkins, der Gott für eine fatale Erfindung hält, verweist in einem Interview auf amerikanische Prediger, die die Überschwemmung von New Orleans als Strafe Gottes für Homosexuelle deuten und fragt: „Finden Sie das in Ordnung?“ – Das ist eine berechtigte Frage. Niemand hat ein Recht, so etwas im Namen Jesu zu behaupten. Denn es verdreht die Liebe Gottes zur Selbstgerechtigkeit der Christen.

Wir brauchen gute Argumente für die Auseinandersetzungen mit jenen 20 % echtem Widerspruch gegen Gott. Aber wir müssen auch unsere Hausaufgaben bei den 80 % erledigen, vor denen wir die wehrlose Feindesliebe des Mannes aus Nazareth durch unser Verhalten bezeugen sollen. Und das können wir nur, wenn unsere Gemeinden Agenturen der Feindesliebe Gottes sind. Egal, ob das den Feind in mir selbst meint, den ich selbst annehmen muss, ob es gesellschaftlichen Gegenwind gegen Gott meint, ob das Tendenzen der Wissenschaft sind, die den Schöpfer ersetzen wollen, oder ob es um Religionen geht, die für eine andere Wahrheit als die Jesu Christi werben. Wir brauchen gute Argumente, aber niemand wird nur durch Argumente vom Feind zum Nachfolger. Dazu braucht es die Begegnung der Liebe. Das sollten wir als ehemalige Feinde Gottes am besten wissen.

Über Bande gespielt: Wie wir den Schatz heben können

Die Liebe Gottes in unseren Herzen entdecken? Den Schatz heben? Eine der erstaunlichsten Entdeckungen des Glaubens ist, dass Gott mich am liebsten durch die Begegnung mit anderen beschenkt. In den letzten 20 Jahren habe ich viele Bücher von Henri Nouwen, einem katholischen Theologen aus den USA, gelesen. Ein weltbekannter Professor, der Lehrstühle an den Top-Unis Yale und Harvard hatte, ein Bestsellerautor, im Kontakt mit den Mächtigen und mit der Wissenschaft. Er hat die seltene Gabe, uns als Leser so an seinen Verletzungen und Lernschritten zu beteiligen, dass wir uns wiedererkennen.

Einer der erstaunlichsten Abschnitte seines sowieso ungewöhnlichen Lebens beginnt 1986. Der bekannte Theologe hat die Bewegung der „Arche" kennengelernt – Wohngemeinschaften von Behinderten und Nichtbehinderten. Und er nimmt die Herausforderung an, die Uni aufzugeben, um in Kanada in eine Niederlassung als Seelsorger der Gemeinschaft zu ziehen. Diese Begegnung soll am Ende zehn Jahre seines Lebens dauern und ihn völlig verändern. Denn nach einem Monat bittet ihn die Gemeinschaft, die ständige Pflege von Adam zu übernehmen. Adam ist ein schwer beeinträchtigter 25-jähriger Epileptiker, der nicht spricht, nicht gehen kann, bei sämtlichen Alltagsbedürfnissen Hilfe braucht. Voller Angst, alles falsch zu machen und Adam wehzutun, beginnt er – und macht nach wenigen Wochen die verblüffende Erfahrung: Er ist der Lernende, er profitiert von Adam.

Nouwen war zeit seines Lebens unruhig, voller Anfechtungen trotz aller Anerkennung, gehetzt durch ständig neue Versuche, die Liebe seiner Umgebung zu bekommen. Und jetzt erlebt er zum ersten Mal: Adam bringt ihn zur Ruhe, schenkt ihm Liebe, Frieden, Zuwendung. Henri versucht ihn beim Anziehen zur Eile zu bewegen, steckt ihm rasch die Arme in die Ärmel – und Adam wehrt sich mit einem epileptischen Anfall. Henri lernt Adams Sprache: Mach langsam. Er schreibt: „Bald wurden die Plätze getauscht. Adam wurde mein Lehrer, nahm mich in meiner Verwirrung an die Hand."[26]

Henri schließt Freundschaft mit Adam, begreift, dass dieser Niemand in den Augen der Welt mit der einzigartigen Berufung geboren ist, andere Menschen zu sich selbst zu bringen, ihre Lebensnarben zu heilen. Der jahrelange Kontakt mit diesem stummen, ständig hilfsbedürftigen Menschen bereichert den berühmten Theologen mehr als alles andere in seinem Leben. Der Professor entdeckt in dem jungen Behinderten ein Geschenk Gottes.

Genau dafür brauchen wir andere: Sie sind ein Schlüssel Gottes für die Schatzkammer im eigenen Herzen. Das ist wie Billard. Gott spielt seine Liebe in Jesus gerne über Bande: Sie ist in unsere Herzen gegossen, aber oft entdecken wir sie erst in der Begegnung mit anderen.

Hans-Joachim Eckstein entdeckt Menschen, die erscheinen uns wie Edelsteine: sie reflektieren das empfangene Licht so farbenfroh und strahlend, dass wir uns nach der Lichtquelle umschauen." Suchen Sie solche Edelstein-Menschen. Und seien Sie nicht überrascht, wenn es nicht die Berühmten oder Reichen sind, sondern die Verachteten oder Armen: Das ist genau die Logik von Gottes Liebe.

---

26 Das Buch über die Geschichte dieser Begegnung: Henri Nouwen, Adam und ich. Eine ungewöhnliche Freundschaft: Herder Verlag, Freiburg, 3. Aufl. 2005. Zitat: 50. – Die Darstellung von Nouwens Charakter basiert auf der Nouwen-Biografie von Christian Feldmann: Henri Nouwen. Glauben heißt Sehnsucht. Freiburg 2006

Zum Vertiefen:

- Wie würden Sie die innere Logik von Gottes Liebe mit eigenen Worten beschreiben?
- Wo wird Ihr Herz durch Gottes Liebe erreicht, berührt, geöffnet?
- Ist Ihre Gemeinde, Ihre Gruppe eine Agentur der Feindesliebe Gottes?
- Welche anderen Menschen sind Gottes Schlüssel zu den Schätzen in Ihrem Herzen?

6. UMKEHR

BIBLISCHE REISEERFAHRUNG: HOSEA 14,2-9

Was geht Ihnen durch den Kopf, wenn es um das Klima geht? Der schmelzende Eisschild Grönlands, die Zunahme zerstörerischer Stürme in vielen Regionen der Erde, die Vorausberechnungen der Temperaturen für unsere Region? Oder das Klima in Ihrer Familie, die Atmosphäre in Ihrer Firma, das Miteinander in Ihrer Gemeinde? Klimaprobleme entstehen durch Treibhausgase und hemmungslosen Ressourcenverbrauch, sie entstehen auch zwischen Menschen.

In einem Kreuzverhör wird ein Arzt durch den Anwalt der Gegenseite befragt. F: Doktor, wie viele Autopsien haben Sie an Toten vorgenommen? A: Alle meine Autopsien nehme ich an Toten vor. – F: Erinnern Sie sich an den Zeitpunkt der Autopsie? A: Die Autopsie begann gegen 8:30 Uhr. – F: Mr Dennington war zu diesem Zeitpunkt tot? A: Nein, er saß auf dem Tisch und wunderte sich, warum ich ihn autopsiere. [das hat der Anwalt noch taktvoll überhört, aber es geht weiter] – F: Doktor, bevor Sie mit der Autopsie anfingen, haben Sie da den Puls gemessen? A: Nein. – F: Haben Sie den Blutdruck gemessen? A: Nein. – F: Haben Sie die Atmung geprüft? A: Nein. – F: Ist es also möglich, dass der Patient noch am Leben war, als Sie ihn autopsierten? – A: Nein. – F: Wie können Sie so sicher sein, Doktor? A: Weil sein Gehirn in einem Glas auf meinem Tisch stand. – F: Hätte der Patient trotzdem noch am Leben sein können? A: Ja, es ist möglich, dass er noch am Leben war und irgendwo als Anwalt praktizierte.

Klimastörungen zwischen Menschen: In unserer Sprache gibt es eine Fülle von Übertragungen zwischen äußerem und innerem Klima. Manches Verhalten lässt uns frösteln, manche Wärme lässt uns aufblühen. Das Buch des Propheten Hosea endet in Kap. 14 mit einer großen Verheißung eines neuen Klimas: Gottes Volk reagiert mit Umkehr auf Gottes bedingungslose Liebe – und das Leben blüht in allen Bezügen auf.

Wir können nicht trennen zwischen Weltklima und Lebensklima, zwischen Erderwärmung und zwischenmenschlicher Aufheizung. Klimawandel ist ein Punkt, an dem sich Innen- und Außensicht, mein eigenes kleines Leben und die Zukunft dieser Welt, die Gemeinde Jesu und die gesamte Gesellschaft wie kaum sonst berühren. Unter der genialen Kombination des Regenbogenkreuzes, den Farben des Noah-Bundes in der Form des Kreuzes, verbindet die Kölner Missionale seit über dreißig Jahren das Wunder der Schöpfungszusage an Noah und das Wunder der Hingabe Jesu. Schöpfungsklima und Kreuzesklima sind zwei Seiten der einen Zuwendung Gottes zu seiner Welt.

Wir geraten mit der Frage nach dem Klima zugleich in eine alte Versuchung: Entweder nur das persönliche Klima von Vergebung, Bekehrung, Erfüllung und Gemeindeaufbau zu sehen – oder sich zu verlieren in den großen Fragen von Gerechtigkeit, Weltverantwortung und Zukunft. Biblisch gehören Schöpfung und Kreuz zusammen: Es gibt keine Weltveränderung ohne veränderte, bekehrte Menschen – und es gibt keine Bekehrung, die mich nicht in die Verantwortung stellt für Gottes geliebte Welt.

Wo die Klimaverantwortung verharmlost wird, geraten Gemeinden in die Bedeutungslosigkeit oder in die Wirkungslosigkeit. Unter das Regenbogenkreuz gehört auch der sich abzeichnende Klimawandel. Egal, was daran unklar und unabsehbar ist – die große Mehrheit der Klimaforscher ist sich an zwei Punkten einig: Der weltweite Klimawandel hat menschengemachte Anteile – und seine Folgen werden uns alle treffen. Ebenso gilt: Wo das Kreuz verschwiegen wird, die Einladung zum Glauben für die vielen Menschen in unserem Land, die Jesus nicht kennen, werden keine gelingenden Gottesbeziehungen entstehen, keine neuen Christen zur Gemeinde dazukommen. – Hosea 14 gibt uns vier Hinweise, wie Kreuzesklima und Schöpfungsklima in unserer Umkehr zusammenbleiben können.

Bekehrung – das Klima der Umkehr

Vers 2–4: Bekehre dich, Israel, zu dem HERRN, deinem Gott; denn du bist gefallen um deiner Schuld willen. Nehmt diese Worte mit euch und bekehrt euch zum HERRN und sprecht zu ihm: Vergib uns alle Sünde und tu uns wohl, so wollen wir opfern die Frucht unserer Lippen. Assur soll uns nicht helfen; wir wollen nicht mehr auf Rossen reiten, auch nicht mehr sagen zu den Werken unserer Hände: »Ihr seid unser Gott.« Denn bei dir finden die Verwaisten Gnade.

Der Meister klärt den neuen Lehrling auf: „Du bist hier nicht auf der Uni und ich bin kein Freund vieler Worte. Wenn ich mit dem Kopf winke, kommst du her!“ – Der Lehrling hat keine Einwände: „Das trifft sich gut. Ich halte auch nichts von langem Gelabere. Wenn ich mit dem Kopf schüttele, komme ich nicht.“ – Das Klima zwischen Gott und Mensch trägt seit Eden Züge einer grotesken Verdrehung: Als ob es unsere Freiheit wäre, Gott warten zu lassen, als ob wir Gott einen Gefallen tun, wenn wir uns mit ihm beschäftigen. Gott leidet unter unserer Ablehnung, aber er verzichtet konsequent darauf, seinen Willen mit Gewalt durchzusetzen. In der theologischen Fachsprache heißt das „Entäußerung", Verzicht. Gott entwaffnet sich, er verzichtet aus Liebe auf sein Recht und seine Macht. Weder zwingt er noch drängt er die Menschen. Aber er wirbt sie, lässt sich in seiner Liebe ganz auf sie ein. Mit der letzten Konsequenz, Jahrhunderte nach Hosea, dass Gott selbst sich als kleines Kind in die Hände der Menschen gibt, um sie nach Hause zu lieben. Gott selbst tut alles, um die Umkehr der Menschen möglich zu machen.

Hosea verheißt ein Klima der Umkehr als Reaktion auf diese Werbung Gottes: Menschen wenden sich Gott zu, vollziehen Schritte der Bekehrung. (1) Sie wenden sich ab von ihren falschen Wegen und sie wenden sich hin zu dem einen Gott. Dabei (2) werden sie vor Gott ehrlich, bekennen ihre Sünden – und (3) sie sagen sich los von ihren alten Göttern, ihren Prioritäten – damals waren es Vertrauen auf die Großmacht Assur, auf die neue militärische Streitwagentechnologie und auf die vielen Götzen der anderen (V 3f). – Bekehrung, Umkehr ist überall in der Bibel ein Prozess der Hinwendung zu Gott, der Vertrauen, Neuorientierung und Abkehr von Bisherigem enthält.[27] – Adenauer wurde vorgeworfen, dass er gestern noch einen ganz anderen Standpunkt vertreten habe. „Das kann schon sein", erwiderte der Bundeskanzler, „aber et kann mich doch schließlich keiner daran hindern, alle Tage klüger zu werden." – Bekehrung ist kein Meinungswechsel, keine neue Einsicht. Bekehrung ist ein Lebenswechsel: Ein altes Leben wird in den Tod gegeben, ein neues Leben mit Freuden angenommen.

27 Vgl z. B. 1. Thess 1,9

„Du erbarmst dich über den, der keinen Beschützer hat“ (V 4b): Bekehrung beruft sich auf das Wesen Gottes: Barmherzig und gnädig, geduldig und von großer Güte. Bekehrung kann von Menschen nicht gemacht, nur verweigert werden. Martin Buber sagt: „Die große Schuld des Menschen sind nicht die Sünden, die er begeht – die Versuchung ist mächtig und seine Kraft gering! Die große Schuld des Menschen ist, dass er in jedem Augenblick die Umkehr tun kann und nicht tut.“ Bekehrung geht immer von Gott aus. Gott läuft den Weggelaufenen nach, Waisenkinder des Lebens sollen der Gnade begegnen, Heimatlose des Weltalls zeitlich und ewig Heimat finden. Umkehr heißt: Ich wende mich dem zu, der mich sucht, ich nehme meine Adoption als Kind Gottes an, ich finde endlich nach Hause.

Freie Liebe – das Klima der Heilung

Vers 5: So will ich ihre Abtrünnigkeit wieder heilen; gerne will ich sie lieben; denn mein Zorn soll sich von ihnen wenden.

Die 68er-Generation gilt als die Entdeckerin der freien Liebe, aber sie hat höchstens unverbindlichen Bettenwechsel entdeckt. Freie Liebe ist eine Herzensangelegenheit des Schöpfers: „Gerne will ich sie lieben“ (V 5), wörtlich: „Ich liebe sie aus freiem Antrieb.“[28] Luther sagt: „Die Liebe Gottes findet ihr Gegenüber nicht vor, sondern sie schafft es sich; die Liebe des Menschen entsteht an ihrem Gegenüber.“[29] Das Wunder ist: Gott braucht keine Gründe, um uns zu lieben. Gottes freie Liebe lodert im Glutkern unseres Glaubens, sie

28 Übersetzung H. W. Wolff, Hosea, Biblischer Kommentar XIV/1, 3. Aufl., Neukirchen-Vluyn 1976

29 M. Luther, Heidelberger Disputation, Th 28 (WA 1, 365)

ist die innerste Mitte für Kirche und Gemeinde, für Reich Gottes und Zukunft der Welt. „Wir sind geliebter, als wir wissen", hat es Helmut Gollwitzer einmal zusammengefasst. Gottes Liebe die Umkehr zu verweigern, ist angesichts dieser Hingabe eine unmögliche Möglichkeit. Aber es kommt vor.

Zwei Mitarbeiter des Kölner Erzbistums, Werner Höbsch und Bernhard Riedl, haben im Internet das Gespräch mit Menschen gesucht, die Gott ablehnen.[30] Sie bekamen eine Fülle von Antworten auf Satzanfänge wie: „Ich kann nicht an Gott glauben …" oder „Gott existiert für mich nicht …" Ein Zitat von vielen: „Wahrscheinlich will ich nicht (an Gott glauben). Mein Lebensgefühl, mein Weltbild besteht ohne etwas wie Gott. Ich habe lange versucht, meinen Glauben wiederzufinden, den ich bereits mit 8 Jahren verlor. Gott und jegliche höhere Existenz spielen schlichtweg keine Rolle mehr für mich" (Daniela Z., 25). – Ein anderes Zitat (anonym, weiblich, 30): „weil ich mir nicht vorstellen kann, dass er, wenn es ihn gäbe, so etwas wie Kinderprostitution zulassen könnte."[31]

Auffallend ist, dass bestimmte Ursachen für Gott-Losigkeit sich häufen: Menschen sagen z. B. „Gott" und meinen die Kirche, haben Gott abgehakt wegen der Erscheinungsformen von Kirchen und Christen. Oft geben sie den Gegensatz zwischen Glauben und Wissen an, vermissen einen Beweis, halten Gott wie Märchen oder Erfindungen für ein überholtes Konzept, das sie hinter sich gelassen haben.[32] In einer Auswertung der Antworten heißt es: „Gott erscheint … oft als das Undenkbare oder aber als ein grau-

30 Die Internet-Seite www.ohne-gott.de ist bis heute offen

31 Aus der Internetseite, Zugriff am 25.2.2011

32 Sebastian Murken (Hg.), Ohne Gott leben. Religionspsychologische Aspekte des „Unglaubens", diagonal Marburg 2008, 20–25.

sames, manipulierendes Wesen." Es ist so, dass „... Gott als Grund des Lebens und vertrauenden Glaubens ... in den Vorstellungen der Schreibenden nicht vorkommt bzw. nie angekommen ist".[33]

Das ist eine Schlüsselfrage für jede Gemeinde: Wie können wir die suchende, die verwandelnde Liebe Gottes so deutlich machen, dass falsche Bilder nicht die Begegnung mit dem wahren Gott verstellen? Sicher ist nur eines: Jede Einladung zur Gottesbegegnung setzt Gottes freie, absichtslose, unbegründete Liebe voraus; nichts anderes kann uns tragen, nichts anderes die Bewegung weg von Gott beenden. Gottesflucht endet weniger an Beweisen als an suchender Liebe, Fremdgötter werden nur durch einen stärkeren Gott abgelöst, Bitterkeit wird durch Gottes Geist verwandelt, Verletzungen können nur vom göttlichen Arzt geheilt werden. Jesus Christus, der sich selbst verwunden ließ, ist der Einzige, der Gottesflucht heilen kann. Heiland nennt die Bibel diesen verwundeten Heiler: Er allein verwandelt Abtrünnigkeit in Vertrauen, Flucht in Heimkehr.

Leben in Fülle – das Klima der Inspiration

Vers 6–8: Ich will für Israel wie ein Tau sein, dass es blühen soll wie eine Lilie, und seine Wurzeln sollen ausschlagen wie eine Linde (wrtl: der Libanonwald) und seine Zweige sich ausbreiten, dass es so schön sei wie ein Ölbaum und so guten Geruch gebe wie die Linde (wrtl: Libanonwald). Und sie sollen wieder unter meinem Schatten sitzen; von Korn sollen sie sich nähren und blühen wie ein Weinstock. Man soll sie rühmen wie den Wein vom Libanon.

33 a.a.O. 22

Gott liebt und alles wird neu: Die Gnade leuchtet auf. Das schildert Hosea uns hier mit einer ungewöhnlichen Fülle von Bildern. Gott wirkt für sein Volk wie der Tau: Tautropfen ermöglichen das Wunder, dass in sechs Monaten ohne Regen trotzdem Wachstum weitergeht und Pflanzen Frucht tragen können. Gottes Liebe schafft Leben in Dürre. – Sie blühen wie die Lilien: Die Schönheit dieser Blumen schmückt Israels Felder und Täler, Schönheit ist eine Eigenschaft Gottes, die seine Menschen aufblühen lässt. Noch mal Luther: „Sünder sind schön, weil Gott sie liebt, nicht aber liebt er sie, weil sie schön sind."[34] – Gott schenkt Wurzeln wie ein kräftiger Baum, Standfestigkeit wie die Zypressen des Libanon: Was von diesem Gott stammt, wird in den Stürmen des Lebens bestehen. – Der immergrüne Ölbaum mit seiner Fülle von Zweigen und Neutrieben schenkt Holz, sein Edel-Öl ist lebensnotwendige Nahrung: Von Gott geliebtes Leben ist nicht vergeblich. – Und wer schon einmal im Süden durch das Unterholz eines Olivenwaldes oder die Lavendelfelder der Provence gegangen ist, hat diese unglaubliche Duftsymphonie der Kräuter in der Nase; sie füllen die Luft mit Wohlgeruch, sobald sie ein Fuß durchstreift. – Im Schatten sitzen dürfen, ist eine Wohltat im heißen Mittelmeer-Sommer. Öl, Korn und Wein sind die erstaunlichen Gaben des Kulturlandes.

Hosea verwendet hier Bilder der Liebessprache: Lilien, Libanon und Düfte berühren uns anders als Information, Statistik und Fußnoten. Wer Menschen verändern will, muss ihr Herz erreichen, nicht nur ihren Kopf. Diese Schöpfungsbilder sind kein Zufall; Schöpfung ist Inspiration, Resonanzboden für geistliche Prozesse. Staunen über das Schöne macht ehrfürchtig und führt uns in Verantwortung für das Anver-

34 Luther a.a.O

traute. Staunen öffnet Menschen für Gotteserfahrung: Menschen stehen in der Kathedrale Notre-Dame oder verschenken eine Blüte oder schauen auf das unglaubliche Panorama der Eiger-Mönch-Jungfrau und verstummen vor Staunen. Es ist schwierig, so viel Schönheit zu sehen, ohne nach dem Urheber dieser Schönheit zu fragen." Ich habe immer wieder erlebt, dass junge Väter, die von Gott gar nichts hielten, nach dem Wunder der Geburt nachdenklich staunten: Ein Neugeborenes ist ein starker Hinweis auf den Schöpfer. Alle echte Schönheit ist eine Erinnerung an das Paradies und ein Vorgeschmack auf Gottes neue Welt.

Übrigens: wer die Schöpfung bewahren will, darf sie auch mit allen Sinnen genießen. Theresa von Avila hat gesagt: „Wenn Rebhuhn, dann Rebhuhn, wenn Fasten, dann Fasten." Jesus hat sich gerne an eine gute Tafel gesetzt, und als er aus Wasser Wein macht, wurde es nicht Plörre, sondern Beeren-Auslese. Die Wunder Jesu atmen viel von diesem Überfluss, dem Luxus der freien Gnade Gottes. Etwas erstaunt spießt der Theologe Karl Barth unsere protestantische Rigidität auf: „Ein normaler Protestant und Westchrist (…) hat für Luxus – und wäre es der Luxus des lieben Gottes – nun einmal kein oder nur ein höchst misstrauisches Verständnis."[35] Das neue Leben aus Gottes Liebe inspiriert aber alle Sinne; wir wissen doch sehr gut, dass uns nur das erreicht, was sich tief in unser Innerstes eingräbt. Bekehrung? Umkehr zu Gott verändert den ganzen Menschen. Klimaverantwortung? Ja, weil uns Gottes kostbare Welt anvertraut ist. Die Schöpfung bewahren? Auch unsere Enkel sollen schmecken, riechen, sehen, hören und fühlen dürfen, wie reich uns Gottes Liebe in seiner Schöpfung umgibt.

35 K. Barth, Kirchliche Dogmatik IV/2, 273

Ohne Götzen leben – das Klima der Frucht

Vers 9: *Ephraim, was sollen dir weiter die Götzen? Ich will dich erhören und führen, ich will sein wie eine grünende Tanne; von mir erhältst du deine Früchte.*

Wenn ein Mensch alte Götzen loslässt, alte Prioritäten als falsch erkennt, ohne sich an den lebendigen Gott zu binden, dann wird der Platz auf kurz oder lang von anderen Mächten besetzt.[36] Unser Herz ist kein neutrales Territorium, sondern ein Acker: Entweder geht Gottes Saat auf – oder Unkraut wächst. Das Einzige, was uns unkrautfrei hält, ist die ausschließliche Bindung an Jesus Christus: *„Ohne mich könnt ihr nichts tun, in mir verwurzelt bringt ihr reiche Frucht"*, sagt Jesus (Joh 15,5). Fast wörtlich zitiert er aus Hosea: *„Von mir erhältst du deine Früchte."* Mensch, was brauchst du noch andere Götter!? Sie schaffen keine bleibende Frucht, sie lassen dein Leben nicht blühen.

Nur Verwandelte können überhaupt etwas verwandeln. Alles andere wird auf kurz oder lang ein einziger Krampf. Man kann sogar das Richtige wissen, es bei anderen einfordern und damit Verhärtung bewirken. Die meisten Frauen wird es kaum überraschen, aber Männer haben tatsächlich irrationale Anteile, beispielsweise beim Sport oder bei Autos. Vor einiger Zeit mussten wir unser Auto wechseln, hatten aber kein Geld für ein Neues. Freunde aus dem Hauskreis gaben uns ihren alten Volvo weiter – ich habe nie solch ein Auto besessen! Und ich merke, ein großes Auto macht Spaß. Es ist nicht klimafreundlich, aber ich habe kein anderes. Und nun bin ich viel vorsichtiger geworden, andere in ihrem Lebensstil zu kritisieren.

36 Vgl. Math 12,43-45. Röm 6,12-14

Eine der erschreckenden Entdeckungen des Heiligen Geistes ist es, wenn wir unserer eigenen Selbstgerechtigkeit begegnen: eine starke Versuchung für alle, die sich um die Zukunft der Welt bemühen. Denn was du erkannt hast über Richtig und Falsch, kann dich verleiten, über andere zu urteilen. Weniger Auto fahren, kein Fleisch mehr essen, es zumindest nicht mehr aus Massentierhaltung kaufen – alles richtig, aber ich kann zum Besserwisser und Heuchler werden. Rigoros und hart, weil es richtig ist – aber ich decke damit all die anderen Dinge zu, die bei mir inkonsequent und vergebungsbedürftig sind. Was wir bei anderen einfordern, kann auch von unserer Unklarheit und Inkonsequenz zeugen. Veränderung braucht Zeit. Und Geduld. Und Klimawandler. Jesus beruft seine Jüngerinnen und Jünger als Klimawandler.

Da ist eine Familie. Sie stehen gemeinsam um die schwerbehinderte Älteste. Die Eltern haben ihre Berufe und ihren Alltag darauf abgestellt, die jüngeren Geschwister wissen, was ihre Schwester nicht kann. Gemeinsam teilen sie möglichst viel mit ihr und beziehen sie wie selbstverständlich mit ein. Klimawandler.

Eine Frau kommt von einer schweren Operation nach Hause. Ihr Mann ist zwei Tage zuvor mit seinen Sachen ausgezogen, ohne dass sie es wusste. Eine Christin aus der Nachbarschaft ist sofort da, besucht und fängt sie auf. Sie hört zu, hilft beim Einkaufen mit dem Auto, schenkt Unterstützung. Klimawandlerin.

Im Gottesdienst englischer Gemeinden gibt es seit einiger Zeit ein neues Element: TTT – this time tomorrow.[37]

---

37 Mehr auf der Seite des London Institute for contemporary christianity. http://www.licc.org.uk/engaging-with-work/workers/resources-for-workers2/ttt-getting-the-church-to-work-pdf-1125

Ein kurzes Interview mit einem Banker oder einer Hausfrau, einem Student oder einer Krankenschwester: Was wirst du morgen um diese Zeit machen, welchen Herausforderungen begegnen? Welche Herausforderungen kommen, worauf freust du dich, wofür sollen wir beten? Die Predigten und Gebete werden relevant für den Alltag. Menschen spüren, dass Jesus in der Woche da ist. Klimawandler.

Sie haben in großer Treue über Jahre fairen Kaffee verkauft. Nach dem Gottesdienst, auf dem Weihnachtsmarkt. Manche haben gelächelt, andere sind vorbeigegangen. Jetzt gibt es fair gehandelten Kaffee im Supermarkt. Der Marktanteil ist noch gering, Aber für die Produzenten, arme Bauern in Afrika, Asien, Lateinamerika macht das den Unterschied zwischen Ausbeutung und leben können aus. Klimawandler.

Auch wenn es noch so günstig ist: Er verzichtet auf die Schnäppchen der Billigfluglinien. Auch wenn er sich wie alle anderen ans Auto gewöhnt hat: Er versucht so oft wie möglich mit der Bahn zu fahren. Er will seinen Enkeln eine lebenswerte Welt hinterlassen. Klimawandler.

Eine Freundschaft hat sich zwischen ihr und der Kollegin entwickelt. Sie gehen gemeinsam zum Sport. Sie betet für ihre Kollegin. Für deren Offenheit und für deren Leben. Und dass sie den kennenlernt, der ein Leben verändert. Klimawandlerin.

Gottes Klimawandler sind unscheinbare Menschen. Aber in Jesu Augen die Stadt auf dem Berg, das Salz der Erde.

Zum Vertiefen:

- Wenn Bekehrung eine Abkehr und Neuausrichtung ist: Wo haben Sie das erlebt? Wo haben Sie es – zum ersten Mal oder erneut – nötig?
- Was macht Gottes freie, bedingungslose Liebe mit uns?
- Spiegelt sich das Leben in Fülle bei Ihnen? Welches Klima der Inspiration hilft Ihnen?
- Sind Sie ein Klimawandler? Wo könnten Sie damit beginnen?

7. FREIHEIT

BIBLISCHE REISEERFAHRUNG: 1. TIMOTHEUS 4,1-5

Der neue britische Botschafter in Washington bekommt am ersten Arbeitstag einen Presseanruf: Was er sich zu Ostern wünscht? Er überlegt kurz und sagt irgendetwas, um den Anrufer loszuwerden. In der Osterzeitung liest er drei Tage später: Der russische Botschafter wünscht der Welt Frieden und Gerechtigkeit, der französische Botschafter wünscht den Völkern Verständnis und Zusammenarbeit, der chinesische wünscht globale Solidarität – und der britische Botschafter wünscht sich eine Schachtel kandierter Früchte.

Gehören Sie zu diesen liebenswerten Menschen, die einfach das Leben genießen? Die gerne in der Sonne liegen und faul sein können? Oder ein großes Eis mit mindestens zwei Kugeln zu viel und obendrauf Sahne auslöffeln? Die sich an etwas erfreuen, was zu gar nichts nütze, aber wunderschön ist? Oder in einer guten Musik versinken? Können Sie aus tiefstem Herzen Gutes genießen, das Gott Ihnen gönnt? Ohne schlechtes Gewissen? Ohne Neid auf andere, die noch mehr haben? Ohne es aufzurechnen mit dem, was Sie vorher getan haben oder hinterher leisten müssten?

Ich habe zu unserem Thema große Lust – aber es gibt für mich auch zwei Hürden. Die eine ist ein tief verwurzeltes Leistungsdenken. Es tarnt sich oft als Pflicht oder Dienst, aber irgendwo ist ein Teil in mir, der wider besseres Wissen

Gott und meine Umgebung durch viel Arbeit beeindrucken will. Und ein Pflichtmensch kann sogar noch Lebenslust als Auftrag missverstehen! Die andere Hürde ist gelegentlich der Zeitpunkt des Nachdenkens. Ich verzichte nämlich in den sechs Wochen der Passionszeit auf etwas, um die Zeit bewusst zu gestalten. Ich wähle mir meist zwei persönliche kleine Versuchungen, Chips und Schokolade. Und ausgerechnet Schokolade schickte mir in der Passionszeit eine liebe Kollegin. Da saß ich vor dem Paket mit meinen Absichten.

Wir brauchen den Wind der Freiheit, der durch die Bibel weht. Von ihm ist die Rede in 1. Tim. 4,1-5: *Der Geist aber sagt deutlich, dass in den letzten Zeiten einige von dem Glauben abfallen werden und verführerischen Geistern und teuflischen Lehren anhängen, verleitet durch Heuchelei der Lügenredner, die ein Brandmal in ihrem Gewissen haben. Sie gebieten, nicht zu heiraten und Speisen zu meiden,* ***die Gott geschaffen hat, dass sie mit Danksagung empfangen werden von den Gläubigen und denen, die die Wahrheit erkennen. Denn alles, was Gott geschaffen hat, ist gut, und nichts ist verwerflich, was mit Danksagung empfangen wird; denn es wird geheiligt durch das Wort Gottes und Gebet.***

Wenn die Verbote die Erlaubnis übertönen

Martin Luther hat in einer berühmten These die Freiheit zusammengefasst, die uns Jesus geschenkt hat: „Ein Christenmensch ist ein freier Herr über alle Dinge und niemand untertan."[38] So groß kann man von Gottes Geschenk reden: Im Evangelium ein freier Herr, eine freie Herrin über alle

38 Martin Luther, Von der Freiheit eines Christenmenschen, Eingangsthese (WA 7, 20–38)

Dinge – und von niemandem einzuschränken. Unglaublich!

Mich haben in den letzten Jahren immer wieder die Nachrichten von Todesurteilen für Christen wegen angeblicher Gotteslästerungen in Pakistan sehr beschäftigt. Ich wurde daran erinnert, dass das Bekenntnis zu Jesus etwas Gefährliches sein kann – und wir hier sehr bequem und sicher leben. Natürlich wünschte ich, dass Muslime in Mehrheitssituationen die gleiche Religionsfreiheit gewähren, die sie hier als Minderheit in Anspruch nehmen. Natürlich danke ich unsrem Gott für jede äußere Freiheit, die wir haben. Freiheit ist es wert, dass wir sie bewahren – und unsere Geschwister in den für Christen lebensgefährlichen Ländern brauchen dringend unsere Solidarität und unser Gebet.

Aber es gibt auch eine *innere Bedrohung* der christlichen Freiheit: Das sind von Menschen gemachte Einschränkungen oder Verbote dessen, was Gott geschaffen hat. Die Kirchengeschichte ist voll von Versuchen, Gottes grenzenlose Güte einzuschränken. Da schenkt Gott uns seine verwundbare und missbrauchbare Liebe – und Menschen fangen an, Zäune zu ziehen, um etwas zu schützen, was Gott frei verschenkt.

Bitte seien Sie vorsichtig und wachsam, wenn christliche Verbote zunehmen. Sie werden immer gute Gründe dafür hören, werden viele bedrohliche Gefahren an die Wand gemalt bekommen. Im Umfeld des 1. Timotheusbriefes wurden z. B. Ehe und gutes Essen schlechtgemacht – vermutlich weil einige von einer Strömung infiziert waren, die Abstand zu dieser Welt für geistlicher hielt.

Heute sind es vielleicht andere Neins und andere Abwertungen. Aber wo selbst ein gut gemeintes Nein Gottes großes Ja überstrahlt, da ist die Freiheit bedroht. Gottes freies Ja braucht durch kein noch so einleuchtendes Nein geschützt werden. Gott hat im ersten Kapitel der Bibel seiner Schöpfung ausdrücklich die Höchstnote „sehr gut" gegeben. Er hat diese Welt geehrt, indem sein Sohn Mensch wurde. Wer also zu schnell auf Abstand geht, führt eine Distanz ein, die Gott überwunden hat. Wer zu viel vom Missbrauch redet, kommt nicht mehr zum Gebrauch, er bleibt in der Ablehnung stecken. Verbote können schleichend jede Einladung unterhöhlen, Eingrenzungen jede Erlaubnis aushebeln.

Es gibt bei vielen von uns so etwas wie einen inneren Zensor, der sogar noch effektiver ist als die Irrlehrer in den ersten Gemeinden. Darum leisten Sie sich eine „innere Betriebsprüfung", damit Jesu Freiheit diesen Zensor ersetzt. Vielleicht brauchen Sie Unterstützung dazu: Dann suchen Sie ein Gespräch mit Seelsorgerinnen oder Seelsorgern. Bonhoeffer meinte, der Christus im eigenen Herzen sei schwächer als der Christus im Wort des Bruders oder der Schwester.

Der Heimspiel-Faktor

Ich habe mich bei Fachleuten erkundigt: Bayern, Bremen und Schalke galten lange als die heimstärksten Mannschaften der Bundesliga. Heimstärke heißt: Da, wo ich mich angenommen und verstanden fühle, wo ich unterstützt und angefeuert werde, wage ich mehr, kann ich meine Stärken besser ins Spiel bringen. Christen haben in Gottes Schöpfung Heimspiel. Lebenslust kommt auch aus Heimstärke, weil unser Gott das Copyright auf das Leben hat. Er hat doch das Leben nicht geschaffen, damit wir uns alles verkneifen und versagen. Alles Geschaffene ist gut. Gott hat diese ganze wunderbare Welt geschaffen, damit wir seine Gaben dankbar empfangen, uns daran freuen und sie guten Gewissens auch genießen sollen.

Jesus hat immer wieder Überfluss aus Gottes Güte geschaffen: Tausende werden satt, und es sind noch Körbe voll übrig (Mk 6,30ff). Oder es gibt sehr guten Wein in Hülle und Fülle auf einer Hochzeit – 240 Liter, die muss man erst mal trinken (Joh 2,1ff).

Ja, es stimmt ebenfalls: Jede Freiheit ist bedroht durch Missbrauch. Paulus sagt: Alles ist mir erlaubt, aber nicht alles dient zum Guten. Alles ist mir erlaubt, aber es soll mich nicht gefangen nehmen (1 Kor 6,12). Nur: Wer diese Reihenfolge umdreht, bedroht die christliche Freiheit mindestens genauso wie die, die alles mitnehmen, ihre Freiheiten missbrauchen, die Schöpfung nur ausbeuten oder Gott nie danken. Warum sind die Christen eher für Verbote als für Lebenslust bekannt? Vielleicht auch, weil sie zu wenig annehmen, was Gott ihnen zugedacht hat. Weil sie ihren Heimspielfaktor nicht ausspielen.

Müllers haben ein Gartenfest geplant. Eine Stunde vorher schlägt sich Frau Müller an die Stirn: „Wir haben ganz vergessen, Tante Doris einzuladen. Kurt, ruf doch noch eben an." Herr Müller entschuldigt sich für die späte Einladung. „Ich weiß schon lange von eurer Party", sagt die Tante spitz, „aber nun komme ich nicht mehr – ich habe bereits um Regen gebetet." – Wehe wenn uns diese Missstimmung erfasst: Wenn wir der Welt übel nehmen, dass sie manchmal sehr viel unbefangener mit Gottes Gaben umgeht als wir uns das trauen. Dann stecken wir in der Falle wie Jona, der sauer auf Ninive blickt, weil Gottes Gericht nun doch nicht eintrifft (Jona 4,1ff). Gottes Liebe und Güte müssen frei bleiben. Werden sie durch Verbote und Begrenzungen eingeengt, sind sie nicht mehr Gottes Güte und Liebe.

Hören Sie mal als Gegenmittel einen Abschnitt aus dem Buch Prediger, Einladung zur Lebenslust vom Skeptiker des Glaubens: „*So geh hin und iss dein Brot mit Freuden, trink deinen Wein mit gutem Mut; denn dies dein Tun hat Gott schon längst gefallen. Lass deine Kleider immer weiß sein und lass deinem Haupte Salbe nicht mangeln. Genieße das Leben mit deinem Weibe, das du lieb hast, solange du das eitle Leben hast, das dir Gott unter der Sonne gegeben hat; denn das ist dein Teil am Leben und bei deiner Mühe, mit der du dich mühst unter der Sonne*“ (Pred. 9,7-9). Gut essen, edles Getränk genießen, schöne Kleidung tragen, ein Parfüm auflegen, Freude an der Ehe, Auskosten der Zeit, die Gott uns hier auf dieser Erde schenkt – all das hilft, die Jona-Falle zu vermeiden.

Jede Gemeinde sollte ihr Jahresprogramm auf einen Punkt hin prüfen: Ob sie genug Gelegenheiten haben miteinander zu feiern und gut zu essen. Manche sehr aktiven Gemeinden haben immer gerade zu viel zu tun, um entspannen und feiern zu können. Aber wer die Freude an Gottes guten Gaben nicht miteinander feiert, spart am falschen Ende: Mitarbeitende werden müde, lustlos und unmotiviert.

Danken verbindet

Das wichtigste Kriterium für unseren Umgang mit Gottes Gaben ist die Dankbarkeit. Wenn wir Gott für etwas danken, dann freut er sich. So einfach ist das.

In der Mitte aller Gottesdienste steht ein doppeltes Geschenk. Mir wird ein Wort gesagt, das ich mir selbst nicht sagen könnte. Und ich empfange einen Vorgeschmack des Himmels, zu dem ich nichts tun muss, als meinen Mund zu öffnen. Beides ist manchmal gut versteckt. Es gibt entsetzlich nichtssagende oder furchtbar langweilige Predigten –

und ich weiß bis heute nicht, was schlimmer ist. Und es gibt rund um viele Abendmahlsfeiern eine Zone der Steifheit, der Freudlosigkeit oder Routine. Für beides müssen wir Verantwortlichen uns ehrlich entschuldigen.

Trotzdem gibt es Hoffnung, weil Gottes Geist Verkündigung und Abendmahl füllen kann. Sie können selbst in der schwierigsten Gottesdiensterfahrung noch diese Struktur erkennen: Die Doppelbewegung von Empfangen und Reagieren, von Beschenktwerden und Danken.

John Ortberg beschreibt in einem seiner Bücher unsere moderne Beschwerdegesellschaft. Die Menschen heute haben den Anspruch, „dass alle ihre Wünsche erfüllt werden. Wir betrachten das als Teil unseres Geburtsrechtes. Wir sehen uns in der Rolle des Opfers, wenn unsere Ansprüche nicht erfüllt werden." Und er fährt fort: „Das beherrschende Gefühl eines modernen westlichen Menschen, der alle Vorteile von Wohlstand, Bildung und Kultur genießt, ist das Gefühl der Enttäuschung."[39]

Das vorherrschende Gefühl der Unzufriedenheit ist typisch für die reichen Länder, weil sie Gabe und Geber getrennt haben. Wer den Geber nicht ehrt, kann mit den Gaben nur schlecht umgehen. Deswegen ist Dankbarkeit eines der wichtigsten Geschenke des Heiligen Geistes. Sie holt uns heraus aus dem ewigen Kreisen um unsere Unzufriedenheit.

Dankende Christen sind Trendsetter: Sie tun jetzt schon, was einmal die gesamte Schöpfung tun wird. Wenn sie andere verlocken, über den Gaben dem Geber zu danken, machen sie Menschen damit zukunftsfähig. Eine Kollegin hat einmal von der Freundin einer Tochter aus ganz unchristlichem Hintergrund erzählt. Als das Mädchen zum Kaffee

39 John Ortberg, Die Liebe, nach der du dich sehnst, Asslar 2000, 108f

da war und für den Kuchen nicht gedankt wurde, fragte sie überrascht, fast enttäuscht: „Wie, betet Ihr bei Kuchen etwa nicht?“ Die Kollegin fragt: Das Mädchen kennt von zu Hause keine Tischgebete. Stecken auch gute Gewohnheiten an?

Dankbarkeit fängt heute mit sehr einfachen Dingen wieder an: Viele müssen schlicht ein Tischgebet lernen, vielleicht lange Zeit erst einmal mithören, bevor sie es selbst können. Andere müssen das Teilen wieder lernen, vielleicht mit einer pfiffigen Kollektenrede dazu verlockt werden. Damit sie nicht aus schlechtem Gewissen teilen, sondern um die Dankbarkeit einzuüben.

Paulus redet hier von einem Prozess, der die guten Gaben Gottes durchs Danken mit Gottes gutem Wort verbindet: Nichts ist verwerflich, was mit Danksagung empfangen wird, denn es wird geheiligt durch das Wort Gottes und Gebet. Danken wirkt wie Sekundenkleber. Es verbindet mich in kürzester Zeit mit dem Geber. Im Danken wächst zusammen, was zusammengehört. Danken verbindet.

Zum Vertiefen:

- Kennen Sie innere Bedrohungen der christlichen Freiheit?
- Was können Sie von ganzem Herzen genießen? Was würden Sie gerne mal genießen?
- Wenn Danken alles verändert: Wo wollen Sie damit beginnen?

8. FREUDE

BIBLISCHE REISEERFAHRUNG: NEHEMIA 8,1-12

Im Grunde war das Häuflein Juden Mitte des vierten Jahrhunderts vor Christus in der alten Heimat Jerusalem ein kläglicher Haufen. Vor knapp 100 Jahren waren die ersten aus dem Exil in Babylon heimgekehrt, sie hatten große Träume, wollten wieder in Jerusalem leben. Aber alles blieb irgendwie stecken: Es waren nur wenige Rückkehrer, der über Jahrzehnte mühsam zusammengestückelte neue Tempel war ein Schatten der alten Größe, und die Stadt hatte nur eine Trümmermauer. Genau hier hat Nehemia irgendwann gegen 450 v. Chr. angepackt: Der hoch qualifizierte Verwaltungsfachmann aus Persien wird von Gott auf das Elend seines Volkes gestoßen, lässt sich vom persischen König beurlauben, um seinem deprimierten Volk in den Trümmern von Jerusalem zu helfen. Ein geistlicher Aufbruch entsteht, die Mauern werden gebaut. Und nach einigen Monaten harter Arbeit ist ein Meilenstein nötig.

Von diesem Meilenstein berichtet Nehemia 8,1-12. Im Wortlaut des Luthertextes ändere ich nach einem Vorschlag von Martin Buber die Übersetzung des Wortes Tora von „Gesetz“ in „Weisung“.

Als nun der siebente Monat herangekommen war und die Israeliten in ihren Städten waren, versammelte sich das ganze Volk wie ein Mann auf dem Platz vor dem Wassertor, und sie sprachen zu Esra, dem Schriftgelehrten, er solle das Buch der

Weisung des Mose holen, das der HERR Israel geboten hat. Und Esra, der Priester, brachte die Weisung vor die Gemeinde, Männer und Frauen und alle, die es verstehen konnten, am ersten Tage des siebenten Monats und las daraus auf dem Platz vor dem Wassertor vom lichten Morgen an bis zum Mittag vor Männern und Frauen und wer's verstehen konnte. Und die Ohren des ganzen Volks waren dem Buch der Weisung zugekehrt. Und Esra, der Schriftgelehrte, stand auf einer hölzernen Kanzel, die sie dafür gemacht hatten, und es standen neben ihm Mattitja, Schema, Anaja, Uria, Hilkija und Maaseja zu seiner Rechten, aber zu seiner Linken Pedaja, Mischaël, Malkija, Haschum, Haschbaddana, Secharja und Meschullam. Und Esra tat das Buch auf vor aller Augen, denn er überragte alles Volk; und als er's auftat, stand alles Volk auf. Und Esra lobte den HERRN, den großen Gott. Und alles Volk antwortete: »Amen! Amen!« und sie hoben ihre Hände empor und neigten sich und beteten den HERRN an mit dem Antlitz zur Erde. Und die Leviten Jeschua, Bani, Scherebja, Jamin, Akkub, Schabbetai, Hodija, Maaseja, Kelita, Asarja, Josabad, Hanan, Pelaja unterwiesen das Volk in der Weisung, und das Volk stand auf seinem Platz. Und sie legten das Buch der Weisung Gottes klar und verständlich aus, sodass man verstand, was gelesen worden war. Und Nehemia, der Statthalter, und Esra, der Priester und Schriftgelehrte, und die Leviten, die das Volk unterwiesen, sprachen zu allem Volk: Dieser Tag ist heilig dem HERRN, eurem Gott; darum seid nicht traurig und weinet nicht! Denn alles Volk weinte, als sie die Worte der Weisung hörten. Darum sprach er zu ihnen: Geht hin und esst fette Speisen und trinkt süße Getränke und sendet davon auch denen, die nichts für sich bereitet haben; denn dieser Tag ist heilig unserm Herrn. Und seid nicht bekümmert; denn die Freude am HERRN ist eure Stärke. Und die Leviten trösteten alles Volk und sprachen: Seid still, denn der

Tag ist heilig; seid nicht bekümmert! Und alles Volk ging hin, um zu essen, zu trinken und davon auszuteilen und ein großes Freudenfest zu machen; denn sie hatten die Worte verstanden, die man ihnen kundgetan hatte

Wann haben Sie Ihren letzten Meilenstein gefeiert? Meilensteine sind Unterbrechungen, die bisher Erreichtes feiern. Wie eine Grundsteinlegung nach der Planung oder die Fertigstellung des Dachstuhls beim Richtfest – lange vor der Einweihung oder dem Einzug werden erreichte Zwischenschritte gefeiert, um zu danken, um das Geschaffte wahrzunehmen und um Atem zu schöpfen für die nächste Etappe. Meilensteine sind Gelegenheiten für Hören und Feiern – vielleicht sind christliche Treffen für Sie auch regelmäßige Meilensteine.

Wie verzehrt man einen Elefanten? Ganz einfach: Stück für Stück. Wie baut man eine verwüstete Gemeinde wieder auf? Ganz einfach: Stück für Stück. So trifft sich der Rest des Volkes Israel, um zwischen Trümmern Gottes Weisung zu hören und den vorläufigen Aufbau der Mauer zu feiern. Mit „Weisung" hat Martin Buber Tora übersetzt. Es ist wohl der erste Bericht über einen Synagogen-Gottesdienstes, den wir haben: Alle unseren christlichen Gottesdienstformen, so unterschiedlich die Traditionen inzwischen sind, entstammen diesen nach dem Exil begonnenen Gottesdiensten, die auch zur Zeit Jesu gefeiert wurden.

An einem Sonntagmorgen klopft die Mutter an die Zimmertür ihres Sohnes und sagt ihm, es sei Zeit, aufzustehen und zum Gottesdienst zu gehen. – „Ich gehe heute Morgen nicht zum Gottesdienst", sagt der Sohn. – „Du musst aber", sagt die Mutter. – „Nein, das tue ich nicht", sagt der Sohn. – „Doch, das tust du", sagt die Mutter. – „Nein, das tue ich nicht – sie mögen mich nicht, und ich mag sie auch nicht", sagt der Sohn, „gib mir zwei gute Gründe, weshalb ich da hingehen soll!" – „Erstens bist du 55 Jahre alt und zweitens der Pastor!"

Manche Gottesdienste sind in den letzten Jahrtausenden etwas aus der Form geraten, Freude an Gott ist schwer zu entdecken. Was lässt diesen Meilenstein anders werden? Gottes Meilensteine bringen Gottes Wort zu Gehör. Das ist zugleich eine der schönsten Begründungen für ein großes Fest: Die Menschen haben hart gearbeitet, ein Ergebnis ist erreicht, jetzt wird gefeiert, weil Gottes Wort lebendig ist und das Leben mit Freude füllt. Orientierung und Entspannung, fester Grund und feste Feiern – beides gehört nach der Bibel zusammen, wo die Freude an Gott Raum hat. Vier Elemente formen diesen Meilenstein, damit die Freude an Gott entsteht: Hören, verstehen, trauern und feiern.

Hören: der Hunger nach Gott

Am Radio oder vor dem Fernsehen sammelt sich eine Hörergemeinde: Menschen mit gleichen Vorlieben hören die gleiche Sendung. Samstags nachmittags gibt es für Außenseiter wie mich Kabarett in einem WDR-Spartensender – die Mehrheit ist durch die Bundesliga belegt oder am Sonntagabend durch den Tatort. Wöchentlich die Simpsons und – oh Schreck – sogar das Dschungelcamp: alles findet seine Fan-Gemeinde.

Am Eingang zum Haus der Stille in Gnadenthal steht eine mannshohe Ohr-Plastik: Hier geht es ums Hören auf Gott. Also nicht um eine Gemeinde von Fans, sondern um Aufmerksamkeit. Hören meint nicht Schall oder Gehörgang, sondern aufmerken. Zur Kölner Missionale kommen seit Langem die Geschwister aus der Gehörlosengemeinde: Sie nehmen ebenso aufmerksam teil, sie hören in ihrer Sprache, der Gebärdensprache, zu. Hören meint wahrnehmen.

Ein frustriertes und geschrumpftes Volk versammelt sich, weil sie den Kopf frei kriegen wollen, erfahren, was vor Gott richtig und falsch ist, sich ausrichten wie eine Magnetnadel auf den Nordpol. „Die Ohren des ganzen Volkes waren auf das Buch der Weisung gerichtet“: Das kann man nicht organisieren und inszenieren, das ist nicht der Gehorsam des Volkes, das ist kein geschickter Organisator oder guter Redner – das ist ein Wirken Gottes.

Gott schafft diesen Hunger. Wir haben schöne Ideen, haben kreative Methoden, um die Bibel unters Volk zu bringen. Vielleicht kommt wieder ein Jahr der Bibel – ich wäre sofort dabei! Es gibt gute neue Übersetzungen – welch ein Geschenk! Sie lesen zu Hause tägliche Auslegungen – wunderbar! Aber unsere Sehnsucht nach dem Hören kommt nicht aus Vorlagen oder Methoden. Sie entsteht, wo Gott Hunger wachsen lässt, Hunger nach seinem Reden.

Vor Jahren war mein eigenes Bibellesen leer geworden, war zur Routine ohne Hunger und Überraschung geworden. Irgendwann habe ich gemerkt: Ich muss das Wort zuerst *wollen*, ich brauche Hunger, um Appetit zu entwickeln. So begann ich, um Hunger auf Gottes Wort zu beten. Und ganz langsam ist etwas anders geworden: Ich hatte wieder Erwartungen an die Bibel, ich wurde wieder überrascht und getroffen. Wenn uns der Hunger nach dieser Speise fehlt, ist das ein Armutszeichen eigener Art: Wir brauchen Gottes Geist, der uns auf Gottes Wort aufmerksam macht. „Ein hörendes Ohr und ein sehendes Auge, die macht beide der Herr“(Spr. 20,12).

Hier in Jerusalem verlässt ein ganzes Volk die Häuser und Zimmer, um gemeinsam etwas zu hören, was sie sich alleine nicht sagen können. Sie nehmen sich Zeit – Auslegung vom frühen Morgen bis zum Mittag! Wenn Sie in den Gottesdienst oder zu einer Bibelauslegung kommen, ist das ein Signal an Gott: Ich will mehr erfahren, will mir Glaube, Hoffnung und Liebe vertiefen lassen. Damals baten sie Esra, den Schriftgelehrten, um Hilfe: Gut, wenn wir Menschen haben, die sich auf die Hintergründe verstehen und Fachwissen haben. So las Esra die Weisung Gottes, vor Männern und Frauen, vor jedem, der zu hören verstand.

Jesus hat mit seinen Jüngerinnen und Jüngern Gottes Wort geteilt, in Predigten, Gleichnissen, Gesprächen und Gebeten. Jüngerschaft war ihre Schule: Sie durften sein Leben teilen – zwölf von ihnen besonders intensiv –, durften ihn hören, ihn beobachten, von ihm lernen. „Die primäre Berufung eines Jüngers oder einer Jüngerin Jesu ist … nicht, etwas für den Meister zu tun, sondern mit ihm zusammen zu sein. In der Jüngerschaft geht es primär um ein Hören, nicht um ein Handeln. Es geht erst einmal nicht darum, etwas für Jesus zu tun, sondern Jesus etwas für sich tun zu lassen.“[40] Sie lernten, dass Jesus im ständigen Kontakt mit dem Vater war – dem Versucher hat er entgegengehalten: Der Mensch lebt nicht nur von Brot, sondern von jedem Wort, das aus Gottes Mund kommt (Mt 4,4). Dieses Wort Gottes ist anders als unsere Worte: Es schafft aus dem Nichts, es nährt unsere Seele, es versichert uns die Liebe des Vaters.

Verstehen: die DNA der Gemeinschaft

Die DNA, die Desoxyribonukleinsäure, ist eine wunderbare Erfindung des Schöpfers: Der genetische Bauplan jedes Le-

40 K. Douglass/F. Vogt, Expedition zum Anfang, 2014, 48f

bewesens – nach ihr formt sich das Leben. Das gemeinsame Verstehen gehört zur DNA der christlichen Gemeinschaft. Geistliches Leben braucht Gottes Reden und ohne gemeinsames Verstehen läuft auch persönliches Verstehen leer.

Jede Schrift-Auslegung ist Teamarbeit, dafür stehen neben Esra auf jeder Seite die anderen, die das mittragen: Alte hebräische Namen – falls Sie demnächst einen Sohn erwarten – wie wär's mal mit Mattitja, Schema oder Secharja statt Alexander oder Jonas? Ich selbst habe in der Vorbereitung dieser Auslegung viel gelesen, stehe damit auf den Schultern anderer, die vor mir die Bibel ausgelegt haben. Neben den Auslegern oder Predigerinnen sitzen oft die Liturgen oder die Musiker, die Gottesdienste so mitgestalten, dass wir das Wort verstehen – alles Teamarbeit.

Esra steht auf einer Kanzel. Nicht um ihn herauszuheben – die Kanzel schafft Sichtbarkeit, damit Konzentration beim Hören möglich ist. Was laut wird, ist nicht Esras Spezialinteresse, sondern Sache der gesamten Gemeinde: Ausleger und Hörer loben damit gemeinsam Gott. Einer liest vor, und alle bestätigen das mit ihrem Amen. Wenn Sie aus einer Gemeinde kommen, wo Sie mit „Amen" antworten, dann ist das etwas Wunderbares. *Amen* heißt: „Ja, das stimmt, dem vertraue ich." Sie stimmen also zu, Sie machen sich das Gehörte zu eigen, Sie übertragen es in Ihr Leben. Jede Auslegung zielt auf gemeinsame Zustimmung und Lob.

Die Körperhaltung spiegelt die Aufmerksamkeit der Menschen: Sie heben ihre Hände, um sich auf Gott auszurichten, sie neigen sich mit dem Kopf zur Erde in der alten Geste der Anbetung. Wir haben in unseren Gottesdiensten unterschiedliche Haltungen beim Beten: Charismatiker heben die Hände, Katholiken knien, Anglikaner oder Orthodoxe stehen, Juden werfen sich nieder und Protestanten – sitzen. In meiner Gemeinde werden alle Lieder, auch die vom „Stehen" reden, immer im Sitzen gesungen. Ich gestehe, ich leide unter der Unbeweglichkeit meiner eigenen Tradition, weil ich sowieso zu viel sitze. Egal, wie es bei Ihnen üblich ist – schauen Sie, dass Ihre Körperhaltung unterstützt, wie Sie sich Gott zuwenden.

Zu dem gemeinsamen Hören gehört die Vertiefung in Kleingruppen: *„Die Leviten unterwiesen das Volk in der Weisung und das Volk stand an seinem Platz"*, steht bei Nehemia. Stellen Sie sich kleine Gruppen vor, die in Frage und Antwort das Gehörte in ihr Leben umsetzen wollen. Hier spiegelt sich eine uralte Struktur der Gemeinde Gottes: Die große Gemeinde hört das Wort und in kleinen Gruppen wird es angeeignet und umgesetzt. Erst in kleinen Gruppen entsteht Nähe und Vertrauen. So war es auch in der ersten christlichen Gemeinde nach Pfingsten: Die große Gemeinde war einmütig zusammen im Tempel und kleine Gruppen trafen sich in den Privat-Häusern (Apg 2,46). Schaffen Sie doch bei öffentlichen Auslegungen auch Pausen für Nachbargespräche oder Murmelgruppen.

Was fast ein weiteres Wunder ist: Die Leviten legten das Gehörte so klar aus, dass man verstand, was gelesen worden war! Man verstand die Predigt – auch kein kleines Wunder. Klarheit und Verständlichkeit sind nicht selbstverständlich. Das ist eine heftige Anfrage an uns Auslegende: Bekommen unsere Hörer und Hörerinnen die Chance zu verstehen? Wenn uns das nicht Mühe macht, brauchen wir das Amen der Zustimmung gar nicht erst zu erwarten.

Hier wurde es auch deshalb verständlich, weil es Abschnitt für Abschnitt ausgelegt wurde: Die Hörer bekamen eine Chance nachzukommen. Hier greifen zwei wichtige

Bewegungen ineinander: Die Auslegenden mühen sich um Zugänglichkeit, die Hörenden um Aufmerksamkeit. Gottes Wort schafft sich eine Gemeinschaft aller Beteiligten, Verstehen braucht Verständlichmacher und Hörwillige.

Trauern: Raum für Ehrlichkeit

Die gehörte Weisung und die Anwendung auf den Alltag haben unerwartete Folgen: Die Menschen weinen. Das Wort Gottes hält uns auch den Spiegel vor. Es führt zu einer großen Traurigkeit über den Abstand zwischen unserem Leben und Gottes gutem Willen. Wer ehrlich wahrnimmt, was Gottes gute Gebote und Weisungen wollen, entdeckt, wie sehr sich unser Alltag von Gottes Vorstellungen unterscheidet.

Dass wir anders handeln könnten, als wir tun, spüren sogar Menschen, die mit dem Glauben wenig am Hut haben. Der Schriftsteller Ödön von Horvath lässt eine Hauptperson in einem Stück sagen „Ich bin nämlich eigentlich ganz anders, aber ich komme nur so selten dazu."[41] Das ahnen wir alle, aber meist können wir es erfolgreich verdrängen. Und wir haben eine Fülle von Entschuldigungen für unsere Gottlosigkeiten. Ich konnte nicht anders. Oder: Alle machen das, sogar Prominente. Oder: Das war mir gerade entfallen. Aber dann kommt der Spiegel des Wortes und ich sehe meine Lieblosigkeit, meine Gottesferne, meine Lügen ungeschminkt. Es wird Zeit zum Abschied von selbst gemachten Illusionen.

Gratulation, wenn endlich Ehrlichkeit einkehrt, wenn wir weder Gott noch uns selbst etwas vormachen. Gratulation, auch wenn das wehtut. Gut, wenn dafür Raum vorhanden

41 Zitat von Ada in: Ö. v. Horvath, „Zur schönen Aussicht", 1926

ist. Paulus beschreibt einmal zwei Arten von Traurigkeit: *„Die Traurigkeit, die nach dem Willen Gottes ist, bewirkt eine Umkehr zum Heil, die niemand bereut. Die Traurigkeit der Welt aber führt zum Tod*" (2. Kor 7,10). Urheber und Wirkung machen den Unterschied zwischen beiden: Ist es eine Traurigkeit, die mich in die Arme Gottes treibt, oder eine, die mich herunterzieht? Führt sie zur ernsthaften Sehnsucht nach Veränderung oder lässt sie mich mit mir alleine? Das eine ist der Weg zum Leben, das andere der zum Tod. Das eine ist die Traurigkeit des jüngeren Sohnes, der mit seiner ganzen Lebenskatastrophe in die offenen Arme des Vaters läuft. Das andere ist Hoffnungslosigkeit, die uns mit unserer Schuld einsam macht.

Um nicht nur von persönlicher Traurigkeit zu reden: Wie gehen Sie mit der Realität Ihrer Gemeinde um? Leiden Sie am Unterschied zwischen den biblischen Verheißungen und dem mühseligen Alltag? Spüren Sie die kleinen Zahlen und die großen Aufgaben? Niemand muss sich schämen, dass ihm die Überalterung seiner Gemeinde die Tränen in die Augen treibt. Andere kommen aus harten Prozessen, wo Gebäude aufgegeben und Stellen gestrichen werden mussten. Das tut schlicht weh – und diese Trauer braucht ihre Zeit. Wir verabschieden uns von falschem Selbstvertrauen, von jahrelangen Versäumnissen, von falschen Prioritäten.

Aber Trauern braucht auch ein Ende, und daran erkennen Sie gute Leitende. Wo Einzelne, wo Gemeinden oder auch ganze Kirchen in Trübsal versinken, braucht es Menschen, die anderen die Verheißungen Gottes groß machen. Wo das Jammern groß ist, muss die Gnade größer werden. Nehemia, Esra und alle Verantwortlichen sagen: Dieser Tag ist heilig für den Herrn euren Gott; darum seid nicht traurig und weint nicht. Gott hat Freude im Sinn, Trübsal blasen ist nicht das Ende der Wege Gottes. Das Buch Prediger sagt: es gibt eine Zeit zum Weinen und eine zum Lachen, eine Zeit für Klagen und eine Zeit für Tanzen (Pred 3,4). Trauer darf auch wieder in den Hintergrund treten.

Feiern: Gott liebt Partys

Manche Feste sind voller Überraschungen – aber Gott hat viel Humor. Haben Sie pubertierende Kinder? Dann sollten Sie diesen Text von Ihren Kindern fernhalten. Denn hier heißt es: Esst fette Speisen und trinkt süße Getränke! Eine klassische Beschreibung von Fast Food. Und wo bekommt man fette Speisen und Süßgetränke am schnellsten? – Genau! Also verstecken Sie Nehemia 8 lieber.

Im Ernst: Damals waren Fettes und Süßes absolute Luxusartikel. Die ganz große Mehrheit der Menschen bekam nicht zu viele Kalorien, sondern chronisch zu wenig. Das ganze Jahr gab es einfaches Brot, ein wenig Gemüse – kaum Fleisch. Und fast immer Wasser – keinen edlen Wein. Aber Gottes Meilensteine brauchen gutes Essen, also plündert die Speisekammern!

Gutes Essen ist in der Bibel immer dabei, wo die Freude an Gott durchbricht. Abraham tischt drei unbekannten Gästen an seinem Zelt das Beste auf, was er hat: In Gästen begegnen uns möglicherweise Boten Gottes. Jesus verwandelt auf einer Hochzeit Wasser in Wein, sogar in sehr guten: Jesus hat nichts gegen Qualität. Bei seinen Speisungen blieben hinterher Körbe voll übrig: Bei Gott soll niemand hungrig nach Hause gehen.

Planen Sie schon Ihr nächstes Fest? Ich hoffe, Sie feiern regelmäßig kleine oder große Feste. Zu Hause und in Ihren Gemeinden. Wir brauchen diese Meilensteine, dürfen uns ohne Verpflichtung begegnen, sollen schmecken und sehen, wie gut der Schöpfer es mit uns meint, können miteinander reden und lachen, tanzen und spielen. Nicht kärglich mit rotem Tee und Salzstangen, sondern festlich mit richtig gutem Essen. Sie werden doch hoffentlich genug Anlässe finden.

Wie wäre es, wenn man die Christen an ihren gelungenen Festen erkennt? Nicht an ihrer Verkniffenheit, sondern an ihrer Freude? Nicht an ihrer Genügsamkeit, sondern an ihrer Großzügigkeit? Nicht an ihrer pausenlosen Pflichterfüllung, sondern an ihren gelungenen Pausen? Stellen Sie sich vor, Menschen von außerhalb würden über unsere Gemeinden sagen: Ich versteh zwar noch nicht, was die immer mit Gott wollen, aber du bekommst dort immer etwas Gutes vorgesetzt. Und dabei können Menschen hoffentlich in unserer Gastfreundschaft Zeichen der Güte Gottes entdecken.

Und was macht nun ein gelungenes Fest aus? Das Essen? Die Gäste? Der Anlass? Die Stimmung? Hier gibt es eine überraschende Zutat: Gebt auch denen ab, die nichts für sich zubereitet haben. Holt auch die dazu, die nichts beitragen können, egal ob sie die Vorbereitungen verpasst haben oder ob sie zu arm sind. Nehmt es in Kauf, dass einige sich den Wanst vollschlagen – es ist doch genug für alle da.

Jesus rät uns: Mach auch mal ein Fest, wo du nicht die üblichen Verdächtigen einlädst, sondern Außenseiter! Damals waren es Arme, Verkrüppelte, Lahme und Blinde, überlegen Sie mal, wer heute die Außenseiter sind. Dann bist du sicher, fährt Jesus fort, dass du nicht feierst, um selbst etwas davon zu haben. Du wirst erfahren, dass Gott dich dadurch bereichern kann (Luk 14,12-14).

Freude an Gott als unsere Stärke

Ich habe lange Jahre Schulgottesdienst für eine Grundschule gemacht, für etwa 80 Dritt- und Viertklässler. Dabei saß lange der ziemlich strenge Rektor, der sehr gut für Disziplin sorgen konnte. Am liebsten haben die Schüler Ohrwurm-Lieder gesungen. Ein Renner der Neunzigerjahre war „Auf der Regenbogenstraße", wo Noahs Bundeszeichen mit Gottes Liebe zu Kindern verknüpft wird. In einer Strophe heißt es: Auf der Regenbogenstraße darf man laut und lustig sein – der Clou war, dass alle Kinder das Wort *laut* wörtlich nahmen, also dieses Wort so laut wie möglich brüllten. Dass dem Rektor diese Lautstärke nicht unbedingt gefiel, hat es erst recht reizvoll gemacht, denn hier in der Kirche hatte er nicht zu bestimmen. Also freuten sich 80 Grundschüler mit aller Kraft auf dieses eine Wort. Freude muss nicht erst laut werden, um zu wirken – aber sie darf auch mal über die Stränge schlagen. Gott hält das allemal aus. Das kann man von Kindern lernen.

Freude an Gott ist die Quelle unserer Kraft. Freude an Gott umfasst Hören, Verstehen, Trauern und Feiern. Freude bekommt einen festen Grund, wo Gott zu Wort kommt. Freude kann feiern, weil unserem Alltag solche Meilensteine guttun. Die Australierin Bronnie Ware hat als Krankenschwester acht Jahre lang Sterbende auf einer Palliativstation begleitet und sie gefragt, was sie am meisten bereuen. Eines der fünf Versäumnisse, die immer wieder genannt wurden, war: „Ich wünschte, ich hätte mir mehr Freude gegönnt."[42]

Die Freude der Christinnen und Christen ist im Kern

42 Bronnie Ware, Fünf Dinge, die Sterbende am meisten bereuen, Goldmann München 2013

Osterfreude: Jesus Christus gönnt uns seine Freude, damit unsere Freude vollkommen wird.[43] Er hat unsere Freude mit seinem Leben verknüpft. Wir sind Beutegut dieses Auferstandenen, er hat uns der Sünde, dem Tod und dem Teufel aus den Händen gerissen. Wir sind Beschenkte und Befreite des Freudenmeisters, er lädt uns von jenseits des Grabes an seine Festtafel. Auch die Passionszeit ist kein Rätsel mehr, bei dem der Ausgang noch offen wäre. Sie ist ein Weg zur Freude, auf dem Leid und Trauer ihren Platz haben, ohne die Zukunft zu verhindern.

Zum Vertiefen:

- Gab es in letzter Zeit festliche Meilensteine? Wenn ja: Was war daran besonders? Wenn nein: Wann könnte der nächste dran sein?
- Wo in Ihrem Alltag bekommt Gottes Wort die Chance, hörbar zu werden?
- Wenn Sie feiern: Was ist Ihnen wichtig?
- Freude an Gott als unsere Stärke – warum?

43 vgl. Joh 15,11

9. HOFFNUNG

BIBLISCHE REISEERFAHRUNG: RÖMER 8,22-25

Mitte der 70er-Jahre kam der englische Theologe Lesslie Newbigin nach 30 Jahren in Indien zurück in seine Heimat England. Newbigin war Missionar, führender Theologe des Weltkirchenrates, Vordenker einer einladenden Mission, erster Bischof der Kirche von Südindien. Man hat ihn in England gefragt, was für ihn nach dem Umzug von Indien die größte Schwierigkeit war, mit der er fertig werden musste. Er antwortete: „Das Schwinden der Hoffnung."

Wie ein Arzt sagt einer der klügsten Theologen der letzten Jahrzehnte nach 30 Jahren in Asien: Westeuropa leidet an Hoffnungsmangel, an akuter *Anelpidose.* Suchen Sie „Anelpidose" nicht im Wörterbuch, ich habe diese Krankheitsbezeichnung neu erfunden. „Mit einer dramatischen Geschwindigkeit hat unsere zivilisierte Welt im Verlauf eines Menschenalters das Vertrauen in ihre eigene Wertigkeit vollkommen verloren."[44] Menschen reduzieren ihre Zukunftserwartungen auf ein einigermaßen bequemes Leben, manche erwarten einen nuklearen GAU oder ein ökologisches Desaster, aber nur wenige eine lebenswerte Zukunft. Gravierender Hoffnungsmangel herrscht in einer der reichsten Gegenden der Welt.

44 L. Newbigin, Salz der Erde, Neukirchen-Vluyn 1985, 12

Mangelkrankheiten sind schwer zu identifizieren, weil die Anzeichen meist mehrdeutig sind. Jahrhundertelang gab es eine Seefahrerkrankheit namens Skorbut: sie beginnt mit Mattigkeit, Haut- und Schleimhautblutungen. Nach langen Wochen auf See wurden die Besatzungen krank, Zähne fielen aus, Matrosen waren arbeitsunfähig. Niemand wusste, woher diese Krankheit kam. Im 18. Jahrhundert begann man zu ahnen, dass es mit dem Essen zu tun hatte: Wer monatelang nur von Schiffszwieback und Pökelfleisch lebt, wird krank. Wenn man aber diese Mangel-Diät mit Sauerkraut, Kartoffeln, Zitronen oder anderen Früchten ausreichend ergänzt, tritt kein Skorbut auf. Heute ist klar: Skorbut entsteht durch Vitamin-C-Mangel.

Teile der westeuropäische Gesellschaft gleichen diesen frühen Seefahrern: Irgendetwas fehlt und lässt die Menschen kurzatmiger werden. Die Seelen erkranken, die Verantwortung für die Zukunft wird verschoben. Anzeichen gefällig? Seit Jahrzehnten wird gefordert, dass Entwicklungshilfe 0,7 % der Staatsausgaben umfassen soll – aber niemand tut's. Wir schotten Europa ab und wundern uns, dass Verzweifelte, um bei uns zu leben, lieber riskieren im Mittelmeer unterzugehen als im Chaos ihrer Heimat. Unser Lebensstil kippt das Weltklima auf dramatische Weise – aber alle machen weiter so. Keine Zeit bisher hat den Tod so verdrängt wie unsere: Gestorben wird unbemerkt in irgendeiner Station. Staatsausgaben gehen immer mehr auf Kosten kommender Generationen.

Wer keine Hoffnung hat, übernimmt auch keine Verantwortung für die Zukunft: „Lasst uns essen und trinken, denn morgen sind wir tot!" (Jes 22, 1.Kor 15) – so zeichnet die Bibel diesen Lebensstil der Hoffnungslosigkeit. Wenn sowieso alles den Bach runtergeht, dann will ich wenigstens auf den letzten Metern noch Spaß haben. Das ist wie einer, der vom Hochhaus fällt, beim 12. Stockwerk gefragt wird, wie es geht und antwortet: Bisher ganz gut.

Die Kraft der ersten Christinnen und Christen lag in ihrer Hoffnung: Sie kamen von der Auferstehung Jesu her und sie erwarteten seine Wiederkehr. Sie hatten den Anbruch der Zukunft schon erlebt. Als *GmbH* waren sie unschlagbar, als *Gemeinschaft mit begründeter Hoffnung.* Sie wussten, wer die Fäden in der Hand haben wird: Der kommende Herr ist kein anderer als der schon gekommene. Er hat zwar verborgen, wie er kommt: Die Bibel ist da sehr zurückhaltend und spricht nur in Bildern. Aber er hat nicht verborgen, wer kommt: „Jesus Christus gestern und heute und derselbe auch in Ewigkeit."

Einer der Schlüsseltexte dieser Hoffnung, Röm 8,22-25, schenkt uns drei Anwendungen gegen akute Hoffnungslosigkeit. *Denn wir wissen, dass die ganze Schöpfung bis zu diesem Augenblick mit uns seufzt und sich* ängstet. *Nicht allein aber sie, sondern auch wir selbst, die wir den Geist als Erstlingsgabe haben, seufzen in uns selbst und sehnen uns nach der Kindschaft, der Erlösung unseres Leibes. Denn wir sind zwar gerettet, doch auf Hoffnung. Die Hoffnung aber, die man sieht, ist nicht Hoffnung; denn wie kann man auf das hoffen, was man sieht? Wenn wir aber auf das hoffen, was wir nicht sehen, so warten wir darauf in Geduld.*

Das Seufzen der Schöpfung teilen

„*Wir wissen, dass die ganze Schöpfung bis zu diesem Augenblick mit uns seufzt und sich* ängstet." Die Trauer über das verlorene Paradies steckt in jedem Stein, klingt in jedem Geschöpf nach. „Sunt lacrimae rerum", es gibt Tränen in allen Dingen, ahnt der römische Dichter Vergil wenige Jahrzehnte vor Christus.[45] Aber nur diejenigen nehmen dieses Seufzen wahr, die selbst durch den Geist von Sehnsucht nach Erlösung gepackt sind. Wer diese Sehnsucht nicht kennt, sieht nur die Oberfläche: Elend, Katastrophen, Hunger, Missbrauch oder Gewalt. *„Die Schöpfung seufzt mit uns“*: Es gibt ein stilles Klagen der unerlösten Schöpfung, das sie dem Seufzen der Kinder Gottes beipackt.

Die ganze Schöpfung „windet sich in Geburtsschmerzen“, formuliert Paulus. Ich hatte das Privileg, bei einer Geburt dabei sein zu dürfen, und ging heraus mit hohem Respekt vor dieser harten Arbeit. Ein starkes Bild: Etwas Neues entsteht, aber es kommt unter Schmerzen. Es kommt, aber nicht plötzlich, sondern in einem schmerzhaften Prozess, der sich hinziehen kann. „Bis heute“, sagt Paulus, dauern diese Geburtsschmerzen der neuen Welt Gottes an. Die neue Welt Gottes kommt unter den Wehen der alten Schöpfung.

Eine der wichtigsten Aufgaben der Christen ist, dies Seufzen und diese Schmerzen zu teilen. Denn die leidende Schöpfung braucht Anwälte und Stellvertreterinnen, sucht Sympathisanten (wörtlich: Mitleidende). Es erfordert Mut, an der Seite der Zerrissenen und Leidenden zu stehen: Unsere Bequemlichkeit will etwas anderes. Aber wer sonst könnte dieses Seufzen teilen. Wie eine Gebärende die Schmerzen durchsteht, weil sie sich auf das neue Leben konzentriert, so können Christinnen und Christen die Schmerzen dieser Welt teilen, klagend und betend vor Gott nennen, weil sie von der neuen Welt Gottes wissen.

Ich stand abends auf dem Hauptbahnhof Wuppertal und wollte jemanden abholen. Etwas weiter stand eine verwirr-

45 Vergil, Aeneis, 461b-462

te ältere Frau, die sich mit den Jugendlichen vom Bahnsteig gegenüber ein Wortduell lieferte. Die provozierten sie, wie Jugendliche in dem Alter halt sind – und die Frau schrie heftig herüber, nicht betrunken, aber verwirrt. Dann verloren die Jugendlichen das Interesse oder stiegen in ihren Zug, jedenfalls schaute sie sich um auf dem Bahnsteig, wer da noch war. Zuerst dachte ich: Hoffentlich spricht sie mich nicht an. Dann schämte ich mich dafür: Ich hatte nichts Dringendes zu tun – aber wollte nicht von einer verwirrten alten Frau angesprochen werden. Ich bin dann nicht weggegangen, habe nicht weggeschaut, und so wandte sie sich mir zu, denn alle anderen hatten sich abgewandt, so wie ich es auch tun wollte. Wir haben uns dann kurz unterhalten. Es war kein sinnvolles Gespräch, weil das, was sie mir sagte, wenig Sinn machte. Aber jemand hat ihr zugehört, sie wurde nicht verspottet, und ich habe ihre Verwirrung mit ihr geteilt. Wahrscheinlich brauchte sie nichts anderes als etwas Aufmerksamkeit, sie ließ mich jedenfalls ganz friedlich gehen, als dann mein Gast kam.

Die Schöpfung braucht Kinder Gottes, die an der Seite der Zerrissenen und der Opfer bleiben. Menschen, die das Elend aushalten und davor nicht flüchten, weil sie aus einer starken Hoffnung leben. Es gibt eine Solidarität, die großen Mut bedeutet: Leid und Elend, Trauer und Hoffnungslosigkeit zu teilen, wo keine schnelle Lösung möglich ist. Neben den unheilbar Kranken sitzen, in die Asylwohnheime gehen, zu den Verwirrten ins Altenheim – das Seufzen der Schöpfung teilen. Denn Hoffnung kann aus Liebe standhalten.

Den Aufstand gegen die Trägheit wagen

„Auch wir selbst seufzen“ – das klingt überraschend. Immerhin haben wir den Geist Gottes als Anfang des neuen Le-

bens, als Anzahlung auf die Herrlichkeit erhalten. Müsste da nicht alles Mühsame und Schwere hinter uns liegen? Ist uns nicht der Geist der Freude geschenkt? – Viele von uns kennen diese Anfechtungen: Dass unser Leben wenig widerspiegelt von der Herrlichkeit, die wir uns erhoffen. Stattdessen viel Mühsames, Gegenwind, Scheitern und Versagen. Und wenn wir dann noch einen dieser Christenmenschen treffen, die Sünde und Anfechtung längst hinter sich zu haben scheinen, nur von Siegen erzählen, dann stürzen wir ab. Warum gelingt mir nicht, was anderen so leicht erscheint?

Weil wir auch seufzen, uns sehnen nach der Kindschaft, der Erlösung unseres Leibes. Christsein ohne dieses Seufzen und diese Erwartung ist unehrlich, ist eine Vortäuschung falscher Tatsachen. „*Denn wir sind zwar gerettet – doch auf Hoffnung!*“ Und gerade die Zerrissenheit, das Unerfüllte, die wachsende Erwartung ist Kennzeichen derer, die Gottes neue Welt kommen sehen. Seien Sie skeptisch bei allen, die dieses Vorläufige leugnen, abwerten oder verdrängen – die Bibel in ihrer Nüchternheit hält hier die Sehnsucht und nicht die Erfüllung für das Kennzeichen einer tragfähigen Hoffnung: „*Die Hoffnung, die man sieht, ist nicht Hoffnung; denn wie kann man auf das hoffen, was man sieht?*“ Aber uns sehnen, das dürfen, können, sollen wir! Jesus in den Ohren liegen: Komm doch, Herr! Uns Geschichten der Hoffnung erzählen, damit unser Glaube lebendig bleibt. Kleine Taten der Liebe wagen, die mehr wiegen als große Schlagzeilen. Andere einladen, diesem Gott der Hoffnung ihr Leben zu öffnen. Und immer wieder von Jesus reden, denn er ist unsere Hoffnung.

Es gibt Resignation, die eine fromme Spielart des Unglaubens ist. Jürgen Moltmann, der Theologe der Hoffnung, beschreibt sie so: „Man sagt zwar, Sünde sei der Hochmut, sein zu wollen wie Gott, aber das ist nur die halbe Wahrheit. Die andere Hälfte der traurigen Wahrheit ist die Trägheit des Herzens, die Traurigkeit der Sinne, die Verzagtheit … Gott verheißt eine Neuschöpfung aller Dinge, aber Menschen glauben, es bleibt alles unveränderlich beim Alten. Gott traut uns so viel zu, aber uns fehlt das Selbstvertrauen."[46]

Franz Kafka hat diese resignierte Trägheit beschrieben: Ein Mann kommt an die Tür, die in den Himmel („Gesetz") führt, und bittet um Einlass. Der Türhüter sagt, er könne ihn jetzt nicht einlassen. Zwar steht die Tür offen, aber der Mann beschließt, lieber zu warten. Da sitzt er Jahre und hört immer wieder, er könne noch keine Erlaubnis bekommen. Schließlich ist er dem Tode nahe und fragt zum ersten Mal: „Wieso hat in all den Jahren niemand außer mir Einlass verlangt?" Der Türhüter antwortet: „Hier konnte niemand sonst Einlass erhalten, denn dieser Eingang war nur für dich bestimmt. Ich gehe jetzt und schließe ihn." – Der Psychoanalytiker Erich Fromm verglich einmal diese passive Hoffnung mit Kafkas altem Mann. Menschen hofften zwar, aber es sei ihnen nicht gegeben, nach dem Antrieb ihres Herzens zu handeln, und solange die Bürokraten ihnen kein grünes Licht gäben, warteten sie immer weiter. Erich Fromm war kein Christ, aber er hat geahnt, dass es auf diesen Antrieb des Herzens ankommt, um Trägheit zu überwinden.

Hoffende Christen sind Aufrührer gegen die Gesetze von Trägheit und Abwarten. Sie stellen sogar die Regeln und Anweisungen ihrer Kirchen infrage. Kirchen lieben so etwas nicht. Sie neigen zu Trägheit und zu Vorschriften. Aber ihre Zukunft liegt bei diesen Hoffnungs-Leuten, die Türen durch-

46 J. Moltmann, Theologie der Hoffnung – heute und morgen, brennpunkt gemeinde 5/04, 164f

schreiten, obwohl alles dagegenspricht. Alle Reformatoren waren so. Franz von Assisi hat nur Spott geerntet. Luther bekam eine Bannbulle. John Wesley wurden die Kirchen zum Predigen verboten. Bonhoeffer war mit seinem Widerstand gegen den totalitären Staat in seiner Kirche fast allein. Sie hatten eine Hoffnung, die sich gegen Widerspruch in den eigenen Reihen durchsetzen musste. Hoffnung hat immer etwas Aufrührerisches: Eine Kraft aus erneuerten Herzen, die sich nicht mehr abstellen lässt.

Die Ausdauer der Ungeduldigen bekommen

Jean Jaures, der französische Sozialist und Philosoph, sagte: „Es kommt darauf an, das Hoffen zu lernen. Die größten Menschen sind jene, die anderen Hoffnung geben können." Aber wie wird man ein Mensch, der anderen Hoffnung geben kann? Indem wir Seufzen und Sehnen auf Gott richten. Damit sie an der richtigen Adresse landen. Indem wir von Gott Kraft bekommen, die unsere Hoffnung durchsetzungsfähig macht. Indem wir die Ausdauer der Hoffnung lernen. Denn anders als Hoffnungslosigkeit breitet sich Hoffnung nicht von selbst aus. Hoffnung lebt in dieser Ausdauer der Ungeduldigen.

Der amerikanische Biologe Edward Wilson von der Harvard-Universität hat festgestellt, dass Ameisen eine Weile brauchen, bis sie einen leblosen Nestkollegen als tot erkennen. Nach vielen Experimenten fand er heraus: Sie riechen die beginnende Zersetzung – der Auslöser ist Ölsäure. Immer wenn die Ameisen Ölsäure riechen, tragen sie den Körper heraus – sie haben sogar pflichtbewusst Papier auf den Ameisenfriedhof getragen, das Wilson mit Ölsäure betupft hat. In einem letzten Versuch hat er lebende Ameisen mit Ölsäure betupft. Und siehe da, ihre Artgenossen nahmen diese Ameisen und trugen sie auf den Friedhof, obwohl sie protestierend Beine und Fühler bewegt haben. Und dort mussten sie sich erst gründlich putzen, jede Spur entfernen, um nicht bei der Rückkehr einen erneuten Abtransport zu riskieren. Der Geruch musste stimmen, sonst wurden sie nicht akzeptiert.

Was an Hoffnungslosigkeit erinnert, wird bei uns radikal entsorgt oder übertüncht. Armut und Tod werden gnadenlos mit Optimismus und Jugend überklebt, damit die Hoffnungslosigkeit endlich verschwindet. Leid, Gewalt, Ehebruch, Lüge, Diebstahl, Lieblosigkeit – jede nur denkbare Spielform der Sünde kann einfach umbenannt und damit gesellschaftsfähig werden. Zeichen der Hoffnung sind da unscheinbarer. Wo Heilung stattfindet, wo gebetet wird, wo Menschen Frieden mit Gott finden, wo Gebeugte aufatmen und Gebundene frei werden, da ist die Presse meist nicht anwesend. Aber Jesus. Denn da schenkt er die Ausdauer der Hoffnung.

Wo unsere Gesellschaft alles radikal entsorgt, was an Hoffnungslosigkeit erinnern könnte, ist lebendige Hoffnung gefragt: Was trägt euch? Warum zerbrecht ihr nicht unter den Spannungen? Wieso seht ihr mit Erwartung in die Zukunft? Und wieso setzt ihr auf Jesus?

Hoffnung ist ein populärer Begriff: In den Suchmaschinen des Internets erhält man unter „Hoffnung“ Millionen deutscher Einträge! Die habe ich natürlich nicht alle geöffnet, aber wenigstens in einige hineingeschaut. Wissen Sie, was man lange unter der Adresse www.prinziphoffnung.de fand? Nicht den Philosophen Ernst Bloch, sondern einen Fanclub des VfL Bochum – sie haben allerdings inzwischen die Seite wieder freigegeben. Vielleicht ist dies angesichts mancher Tabellenplätze von Traditionsvereinen der richtige Name.

Fußballfans setzen auf Hoffnung, wo Tabellenstand oder Finanzsituation wenig hergeben. Wie viel mehr dürfen die Christinnen und Christen hoffen, wo die Auferstehung Jesu alles hergibt. Diese Hoffnung ist die Ausdauer der Ungeduldigen: etwas erwarten, was wir nicht sehen, weil wir an den glauben, der jetzt schon die Zukunft besitzt.

Zum Vertiefen:

- Erleben Sie Zeichen der Hoffnungslosigkeit in unserer Gesellschaft?
- Teilen Sie das Seufzen der Schöpfung?
- Resignierte Trägheit: Wie und wo kann der Aufstand dagegen beginnen?
- Welche Zeichen der Hoffnung können Sie setzen?

10. GEHEIMNIS

BIBLISCHE REISEERFAHRUNG: MARKUS 1,9-15

Am 7. Januar 1855 beginnt der junge Prediger der New-Park-Street-Kirche in London seine Predigt mit den Worten: „Das eigentliche Studium eines Christen gelte der Natur Gottes … In der Betrachtung des Göttlichen liegt etwas ungemein Erhebendes für den Geist. Es ist ein so großer Gegenstand, dass all unsere Gedanken sich in seiner Unermesslichkeit verlieren; so tief, dass all unser Stolz in seiner Unergründlichkeit untergeht. … Kein Gegenstand der Betrachtung ist geeigneter, den Geist zur Demut zu bringen als der Gedanke an Gott … Doch gleichermaßen, wie dieser Gegenstand den Geist demütigt, so erweitert er ihn auch. Wer oft an Gott denkt, hat einen weiteren geistigen Horizont als der, der immer nur auf seinem engen Globus herumtappt." Der junge Baptisten-Prediger hieß Charles Spurgeon, und bereits wenige Jahre später musste eine Kirche mit 5.000 Plätzen gebaut werden, damit die Zuhörer dieser Predigten noch Platz fanden.

Im Wesen Gottes entdecken wir das Geheimnis, dass Gott in sich selbst liebende Beziehung ist – überströmend aus sich, überfließend zu uns, die ganze Schöpfung erfassend und verwandelnd. Wir vertrauen darauf: Wer nach diesem Geheimnis Gottes fragt, bleibt nicht auf seinen engen Globus gefangen. Er entdeckt Gott als die Quelle von Beziehung und Liebe. Gott ist sozusagen beziehungsweise. Die Christenheit hat dieses Geheimnis Gottes sehr früh als Dreieinigkeit nachzubuchstabieren gelernt: Gott begegnet uns dreifaltig, als Vater, als Sohn, als Heiliger Geist. Es bleibt immer der eine und ewige Gott, dem wir unser Leben verdanken und anvertrauen sollen. Nicht drei Götter, wie der Islam es falsch verstanden hat, sondern ein Gott, der aus Liebe nicht bei sich bleiben will.

Eine Anekdote erzählt: Kirchenvater Augustinus, einer der klügsten Theologen der Christenheit, ging am Meer spazieren und dachte über das Geheimnis der Dreifaltigkeit nach. Da bemerkte er ein Kind, das mit seinem Eimerchen Wasser aus dem Meer in einen kleinen, abgegrenzten Bereich schöpfte. „Was machst du da?" – „Ich möchte das Meer in meinen Teich schöpfen!" Da lachte Augustinus: „Das wird dir nie gelingen!" Da richtete sich das Kind auf und sagte: „Ich mache es genauso wie du: Du willst mit deinem kleinen Verstand das Geheimnis des dreieinigen Gottes verstehen!"

Gott zu begegnen, führt uns ins Staunen, nicht ins Kapieren. Niemand muss an eine Theorie glauben: Das Wort Dreieinigkeit steht nicht in der Bibel, es geht immer um Vertrauen auf Gott als Gegenüber. Aber wir nennen Gott dreieinig, weil wir nur so dem biblischen Zeugnis gerecht werden. Albert Einstein hatte ein Motto: „So einfach wie möglich, aber nicht einfacher!" Beides ist hier möglich: Ein kleines Kind kann verstehen, wer Gott ist, ein kluger Philosoph kann daran scheitern.

Wir erzählen eine Geschichte über den Schöpfer, die uns verstehen lässt, wer wir sind. Wir entdecken uns als verlorene Kinder, als Ziel der universalen Suche Jesu. Wir erzählen Erfahrungen von Rettung und Bewahrung, die andere neugierig auf Gottes Geist machen. Der englische Theologe

Alister McGrath meint, wir beantworteten mit dieser Gottes-Geschichte zwei zentrale Fragen, nämlich: Welchen Gott meinen wir? Und: Wie begegnen wir diesem Gott? Markus beantwortet diese Fragen, er berichtet am Anfang seines Evangeliums von der Taufe Jesu als einer gemeinsamen liebenden Zuwendung von Vater, Sohn und Geist (Markus 1,9-15):

Und es begab sich zu der Zeit, dass Jesus aus Nazareth in Galiläa kam und ließ sich taufen von Johannes im Jordan. Und alsbald, als er aus dem Wasser stieg, sah er, dass sich der Himmel auftat und der Geist wie eine Taube herabkam auf ihn. Und da geschah eine Stimme vom Himmel: Du bist mein lieber Sohn, an dir habe ich Wohlgefallen. Und alsbald trieb ihn der Geist in die Wüste; und er war in der Wüste vierzig Tage und wurde versucht von dem Satan und war bei den wilden Tieren, und die Engel dienten ihm. Nachdem aber Johannes gefangen gesetzt war, kam Jesus nach Galiläa und predigte das Evangelium Gottes und sprach: Die Zeit ist erfüllt, und das Reich Gottes ist herbeigekommen. Tut Buße und glaubt an das Evangelium!

Der Sohn im Abwasser der Sünder

Johannes der Täufer ist wie ein Scharnier zwischen Altem und Neuem Testament; Jesus hält ihn für größer als die alten Propheten, aber der kleinste, der schon das Reich Gottes betreten hat, ist größer als er.[47] Johannes hat die Menschen aufgerüttelt: Sie kamen in Scharen zu seiner Predigt, wollten ihr Leben ändern, ließen sich taufen zur Vergebung ihrer Sünden. Das Wasser des Jordan ist verseucht, sozusagen konta-

47 Mt 11,9-11

miniert mit allem, was Menschen von Gott trennt. Und nun kommt der Sohn Gottes und steigt in das Abwasser unserer Sünden: Wie passt das zu dem Einzigen, der nichts hat, was abgewaschen werden muss?

Zwei alte, etwas tüttelige Menschen haben im Spätherbst des Lebens zueinandergefunden. Eines Abends fasst er sich ein Herz und fragt sie: „Willst du mich heiraten?“ Sie sagt: „Ja, das will ich.“ Am nächsten Morgen wacht er auf und weiß beim besten Willen nicht mehr, was sie geantwortet hat. Soll er es zugeben? Schweren Herzens macht er sich auf den Weg und fragt: „Du, ich habe gestern um deine Hand angehalten, aber ich weiß einfach nicht mehr, was du gesagt hast.“ – Darauf antwortet sie: „Das ist aber gut, dass du fragst. Ich habe nämlich ‚Ja‘ geantwortet, aber seit Mitternacht zerbreche ich mir den Kopf darüber, wer mich gefragt hat.“

Zum Wesenskern der Sünde gehört, dass sie uns täuscht und Gott vergessen lässt: Wir vergessen, wem wir unser Leben verdanken, wir verleugnen, was uns von Gott trennt, wir verdrängen, dass Gott jeden Augenblick um unsere Aufmerksamkeit wirbt. Der Sohn Gottes steigt ins Wasser unserer Sünde, damit uns die Augen aufgehen: Das ist unser Platz, dort gehören wir hin, was wir abwaschen, zieht er an sich. So ist Gott: Er geht hinein in die menschliche Verlorenheit, er berührt und verwandelt, was uns verdirbt.

Jesus hält sich nicht fern, um rein zu bleiben, er sucht vielmehr unsere Nähe, um uns zu retten. Er geht offensiv statt defensiv mit unserer Verlorenheit um. Lepra oder Blindheit hätte Jesus auch ohne Berührung heilen können; aber der Reine berührt die Unreinen, weil seine Reinheit unsere Unreinheit überwindet. Jesus betritt die Häuser der Sünder, setzt sich an unsere Tische – in seiner Nähe sind wir bei Gott, durch seine Berührung werden wir frei. Vom Jordan bis nach Golgotha ist es diese Offensive der Liebe: Dass Gott unsere Nähe sucht, ermöglicht unser neues Leben.

Der Geist öffnet den Himmel

Seit Eden gibt es eine tiefe Sehnsucht der Menschheit: Ach, dass Gott den Himmel zerrisse, das Paradies wieder öffne, und wir wieder mit ihm zusammen sein könnten wie Kinder mit ihrem Vater.[48] Diese Sehnsucht wird weder gestillt von dem, was wir produzieren, noch erfüllt durch das, was wir uns selbst sagen. Auch Menschen ohne Gott spüren die Zerrissenheit der Welt, die an ihren Selbstwidersprüchen scheitert, sich selbst zerfleischt und sogar mit ihrem Guten oft nur Böses produziert.

Am Jordan reißt der verschlossene Himmel über Jesus auf, das verlorene Paradies scheint hinein in diese Welt. Das gleiche Wort benutzt Markus, wenn bei Jesu Tod der Vorhang im Tempel zerreißen wird, der das Allerheiligste vor den Sündern verbirgt:[49] Im Moment von Jesu tiefster Erniedrigung wird zugleich das Paradies wieder eröffnet. Wo Gott am fernsten scheint, ist er uns am nächsten. Von Anfang bis Ende ist über Jesus der offene Himmel, Gottes Geist will unter uns Menschen sein, Gottes Kraft uns überschatten, mit Jesus kommt auch Gottes Geist zu uns.

Von dem englischen Bischof John Finney habe ich gelernt, dass die Weitergabe des Evangeliums drei verschiedene Aspekte umfasst: es geht um die Inhalte, um die Ausrichtung

48 z. B. Jes 63,16-19
49 Mk 15,37f

und um das Geheimnis Gottes.[50] Die *Inhalte* des Evangeliums sind wichtig: Menschen müssen Bescheid wissen, deshalb erzählen, lehren und unterrichten wir. Das Fachwort des NT „Kerygma" meint wörtlich: Botschafter, Herold, etwas bekannt machen. Das Evangelium will *ausgerichtet* werden, es lädt ein zum Glauben: deshalb „evangelisieren" wir, geben eine gute Nachricht weiter in Verkündigung, laden in Gesprächen ein zum Glauben.

Aber das Neue Testament redet auch vom *Geheimnis* Gottes: 28 Mal kommt „Mysterion" im Neuen Testament vor. Für manche klingt „Geheimnis" nach Rätsel: Dann wäre das Evangelium wie eine Detektivgeschichte, wo im letzten Kapitel aufgedeckt wird, wer der Täter ist. Aber Geheimnis meint etwas anderes: Der Heilige Geist öffnet Verborgenes, Menschen geht etwas auf. Mysterien haben ihre eigene Attraktivität, weil die Wirklichkeit immer mehr ist als das, was uns zugänglich ist. Zu Lehre und Einladung kommt das geheimnisvolle Wirken des Geistes: Aus Gedanken entsteht Glauben, aus Wissen über Gott wird eine Beziehung zu Gott – niemand kann das machen, aber wir dürfen es vom Geist erbitten und erwarten.

Gottes Geist wirkt, indem er den Himmel hineinbringt in unsere Wirklichkeit. Die Taube ist ein Bild für dieses sanfte Kommen: Der Geist tritt nicht Türen ein wie ein Berserker, er schafft sanfte Gelegenheiten der Begegnung. Der Geist bringt das Evangelium so in unser Herz, dass wir Gott vertrauen können. Ich schätze gute Argumente für den Glauben, ich brauche gründliches theologisches Arbeiten, aber ich weiß, dass Menschen erst durch den Geist zum Glauben

50 John Finney, Wie Gemeinde über sich hinaus wächst. Zukunftsfähig evangelisieren im 21. Jahrhundert, BEGPraxis 2007, 34ff

finden. Der Himmel öffnet sich nicht durch Argumente oder Texte, sondern nur durch den Heiligen Geist. Wir brauchen alles zusammen: gute Lehre, werbende Einladung – und die demütige Anbetung dieses Geheimnisses.

Vor einiger Zeit stand ich auf dem Bahnsteig in Wuppertal, neben mir drei Damen, die von einer Ausstellung zurückfuhren. Die eine strickte fleißig an einem giftgrünen Schal – auf der Rückseite der Doppelbank saßen drei Mädchen mit Migrationshintergrund, völlig fasziniert von dem sich entwickelnden Schal. Was machen Sie denn da? – Ich stricke einen Schal! – Echt? So richtig zum Tragen? Ist das schwer? – Man kann es lernen. – Können Sie das auch schneller? Die nette Dame legte einen deutlichen Zahn zu, die Nadeln flogen. – Boah, geil. Dann: Warum ist der grün? – Weil ich ihn für jemand stricke, der seine Haare grün gefärbt hat. – Kurze Altersabschätzung der Dame, dann: Grün??? Das glaub ich nicht. – Warum soll ich das erfinden! – Und wenn der seine Haare rot gefärbt hätte? – Dann gäbe es einen roten Schal. – Echt? Kann man alle Farben nehmen? …

So ging das eine Weile weiter: Wir Zuhörer amüsierten uns köstlich. Die Mädchen waren völlig fasziniert, dass man etwas selbst herstellen kann, was sie nur aus dem Shop kannten; offensichtlich war in ihrem Leben nie eine Stricknadel aufgetaucht. Ich musste dann einsteigen, aber ich dachte im Zug: Wenn nun eine Gemeinde für solche Mädchen etwas anbieten würde! Die Gaben sind da, das Interesse auch. Sie würden eine Chance bekommen, ihre Fähigkeiten zu entwickeln, würden vielleicht glaubwürdige Christinnen kennenlernen. Vielleicht könnte aus einem Interesse etwas aufblühen, was niemand erwartet hat. Wer weiß …?

Vaters helle Freude

Wir Deutschen haben ein Kulturproblem: Wir sind sehr schnell dabei, Fehler zu entdecken. Der TÜV ist vielleicht eine urdeutsche Erfindung: Man geht regelmäßig zu einer Stelle, die auf die Entdeckung von Mängeln spezialisiert ist. In vielen Gemeinden gibt es Leute, die an Gemeindeaufbau durch Kritisieren glauben: Sie verstehen sich als geistlicher TÜV. Die Schwaben haben es klassisch formuliert: „Net gschimpft isch gnuag globt" – das gilt auch außerhalb von Württemberg. Auch ich sage eher Menschen, was mir nicht gefallen hat, als was mir gefallen hat. Gott geht anders mit seinem Sohn um. Als Jesus aus dem Wasser steigt, hört er: *Du bist mein Sohn, den ich lieb habe. Über dich freue ich mich wirklich sehr.*

Wann haben Sie das zum letzten Mal gehört? Haben Sie das überhaupt schon mal von Gott gehört: *„Du bist meine Tochter, du bist mein Sohn, an dir habe ich meine helle Freude"*? Oder sind Sie tief vom Selbstzweifel infiziert: Das kann gar nicht sein! Ich sündige täglich, ich enttäusche meinen himmlischen Vater immer wieder – wenn überhaupt, dann darf ich nur ausnahmsweise in seine Nähe treten. – Ja, richtig ist: wir sind nicht Jesus, er ist der Sohn nach Gottes Willen. Aber Jesus steigt ins Wasser als unser Bruder, er tritt aus dem Wasser an unsere Seite. Er stellt unseren ursprünglichen Wert wieder her, kommt, um Verlorene zu finden, um verdreckten Sündern das weiße Kleid der Gerechtigkeit anzuziehen. Deshalb wird in vielen Kirchen die Taufe in weißen Kleidern gefeiert, ein wunderschönes Zeichen für das neue Leben, das Gott darin schenkt.

Zum Glauben finden heißt, dieser Stimme – vielleicht zum ersten Mal – zu vertrauen: Du bist mein geliebtes Kind, an dir habe ich meine helle Freude. Der katholische Theologe Henry Nouwen fand darin so etwas wie sein Lebensthema. Diese Worte „du bist mein geliebtes Kind" legen „die innerste Wahrheit eines jeden Menschen frei".[51] Denn um uns herum hören wir ein Trommelfeuer von anderen Stimmen: Du taugst zu nichts, bist hässlich, wertlos, unnütz, bist niemand – oder beweise gefälligst das Gegenteil! Das führt dazu, sagt Nouwen, „dass die größten Fallen in unserem Leben nicht der Erfolg sind, nicht die Berühmtheit und nicht die Macht, sondern die Verachtung seiner selbst".[52] Gegen die Selbstverachtung hilft allein der grundlegende Zuspruch des Vaters: *„Du bist und bleibst mein geliebtes Kind. An dir habe ich meine helle Freude."* Das kann ich mir nicht selbst sagen – viel zu viel spricht dagegen. Aber ich kann es hören – weil Gott an mir gegen all meine Rebellion und Schuld festhält.

Gott in Konfrontation

Sind Sie zufällig am 11. April 1954 geboren? Dann habe ich eine schlechte Nachricht für Sie. Der amerikanische Programmierer William Tunstall-Pedoe hat seinen Computer mit 300 Millionen Daten gefüttert über Menschen, Orte und Ereignisse, die es seit dem Jahr 1900 in die Nachrichten schafften. Ihm fiel auf: Am 11. April 1954 war der langweiligste Tag dieses Jahrhunderts. An diesem Tag ist nichts weiter passiert als eine Wahl in Belgien und die Geburt eines türkischen Uni-Rektors.[53]

---

51 Henry Nouwen, Du bist der geliebte Mensch, Freiburg 2006, 26
52 a.a.O. 27
53 Vgl. http://digital.t-online.de/computer-entdeckt-den-langweiligsten-tag/id_43579942/index

Wann ist etwas wichtig? Was können wir wahrnehmen, wenn der Sohn Gottes nun sein Werk beginnt? Äußerlich gesehen passiert nichts: Ein Mensch geht 40 Tage allein in die Wüste: nur Tiere, Durst und Anfechtung. Von innen gesehen findet Kampf statt: Gottes Geist treibt den Sohn, sich zuerst dem Satan zu stellen, er verzichtet auf den Sicherheitsabstand zum Reich der Finsternis. Äußerlich gesehen höchst langweilig: Sechs Wochen lang passiert nichts. Der Getaufte und Bestätigte verschwindet von der Bildfläche. Innerlich steht alles auf dem Spiel: Jesus setzt sich der Versuchung aus, als Mensch unter den Mitgeschöpfen, den Tieren. Adam verspielte Gottes Vertrauen, Jesus bestätigt es. Weil er der gehorsame Sohn ist, dienen ihm die Engel Gottes.

Die Wüste steht im alten Denken nicht nur für Stille und Einsamkeit – dort ist die Unterwelt näher, dort begegnet man seinen Dämonen. Karl Barth legt diesen Beginn Jesu so aus: Eben um den Dämonen zu begegnen, wird er dorthin geführt. „Sein Weg wird nicht in sicherer Ferne vom Reich der Finsternis, sondern … unmittelbar an dessen Grenze entlang, endlich und zuletzt mitten in dieses Reich hinein, aber schon von Anfang an in Konfrontierung und Auseinandersetzung mit ihm verlaufen."[54]

Bereits am Anfang dieser liebenden Suche Gottes steht die Konfrontation mit dem Bösen: Jesus kämpft nicht erst am Kreuz, sondern ab Beginn mit dem Versucher. Er war willig, sich der Versuchung auszusetzen. Wir anderen können, dürfen, ja müssen es unterlassen, „die Versuchung geradezu aufzusuchen. Er darf es nicht. Er muss sie in der Offensive und nicht in der Defensive erleiden."[55] Er geht in die Konfronta-

54 Karl Barth, Kirchliche Dogmatik IV/1, 287
55 Barth, ebd.

tion, damit wir nicht darin untergehen. Gott überwindet das Böse, indem er sich ihm aussetzt.

Hungrig bleiben auf das Evangelium

Worauf kommt es im Leben und Sterben an? Die alte Frage ist erstaunlich aktuell, Menschen suchen erneut nach tragfähigen Antworten. Da schreibt der Journalist Mitch Albom über die Besuche bei seinem sterbenskranken Lehrer Morrie Schwartz: Allein die deutsche Lizenz hatte 17 Auflagen von 1997 bis 2002.[56] Da hält der krebskranke Informatiker Randy Pausch eine Abschiedsvorlesung: weltweit Millionen Aufrufe dieser Vorlesung, dazu diverse Buchausgaben. Da redet der krebskranke Steve Jobs 2005 vor Stanford-Absolventen – wieder Millionen Aufrufe dieses Filmclips, dazu Abdrucke in vielen Zeitungen.[57] Keiner ist erkennbar Christ, sie wissen nicht, was nach dem Tod kommt, aber bei allen geht es um die Frage, was das Leben erfüllt, was im Leben wirklich zählt. Und alle drei sagen: verpass nicht deine Träume, vergiss nicht, was wirklich wichtig ist.

„Bleibt hungrig! Stay hungry!", rät Steve Jobs zuletzt den Absolventen der Top-Uni. Was ist das anderes als eine weltliche Version der Antwort Jesu auf den Versucher: *„Der Mensch lebt nicht vom Brot allein"* (Mt 4,4).[58] Ich kann das nur deu-

56 Mitch Albom, Dienstags bei Morrie. Die Lehre eines Lebens, Goldmann

57 Bei www.youtube.com unter: Pausch last lecture bzw. Steve Jobs lecture

58 Auch der zweite Rat von Steve Jobs: „Stay foolish!" zitiert – vermutlich unbewusst – einen biblischen Gedanken aus 1. Kor 1: Dass das Kreuz Jesu töricht ist und bleibt, so lange man darin nicht die tiefe Weisheit Gottes erkennt. Auch Paulus will lieber mit dem Kreuz töricht als ohne das Kreuz weise sein.

ten als eine Spiegelung des biblischen Gedankens von der Ewigkeit, die Gott unauslöschbar in unser Herz gepflanzt hat.[59] Letzte Wahrheiten, die von Autoritäten oder Institutionen verwaltet werden, sind völlig out, aber die Sehnsucht nach Wesentlichem nicht.

Jesus konzentriert sein Ziel in einer elementaren Botschaft: *Die Zeit ist gekommen, das Reich Gottes nahe herbeigekommen. Ändert eurer Leben und glaubt dieser guten Nachricht!*" Mehr braucht es nicht: Hungrig sein auf Gottes Angebote, wach sein, wo er uns begegnet, sich mit dem gesamten Leben ausrichten auf diese gute Nachricht. In diesem Evangelium begegnen wir dem dreieinigen Gott: Der Vater sendet den Sohn durch den Heiligen Geist – und wir dürfen diesem liebenden Gott vertrauen, wie auch immer wir ihm begegnen.

In der Mitte seines Lebens schreibt Augustin als Bischof von Hippo seine „Bekenntnisse", eine Art Reiseführer seines geistlichen Weges zu Gott. Die Summe seines Lebens heißt: Dich, Gott, anzubeten, zu loben ist unsere tiefste Freude, denn „geschaffen hast du uns zu dir, und ruhelos ist unser Herz, bis es seine Ruhe findet in dir".[60]

So fragt er: „Was also ist mein Gott?" und antwortet: „Was anders als Gott der Herr?" Und diese Antwort führt ihn ins Beten: „Höchster, Bester, Mächtigster, (…) du Unwandelbarer, selbst alles wandelnd, nie neu, nie alt, machst du doch alles neu. (…) Immerdar wirkend, bist du doch immerdar in Ruhe. Du sammelst, ohne zu bedürfen, du trägst, erfüllst und beschirmst, du schaffst und ernährst, vollendest, suchst, obwohl dir doch nichts fehlt. Du liebst, ohne zu entbrennen, ereiferst, ohne dich zu bekümmern. (…) Du änderst deine

59 Prediger 3,11
60 Augustin, Confessiones 1,1

Werke, doch nie deinen Ratschluss. Du nimmst an dich, was du findest, ohne es je verloren zu haben. (…) Du zahlst Schulden zurück und bist doch niemals Schuldner; du erlässt sie und verlierst doch nichts dadurch. (…)

Eng ist das Haus meiner Seele, in das du kommen sollst zu ihr; weit soll es werden, weit durch dich! Baufällig ist es; setz es instand!“[61]

Zum Vertiefen:

- Jesus sucht unsere Nähe: Wo soll er Sie berühren?
- Gott als Geheimnis – wie wirkt der Geist in unserem Leben?
- Nehmen Sie das von Gott an: An dir habe ich meine helle Freude?
- Wie bleiben Sie geistlich hungrig?
- Meditieren Sie das Lob-Gebet von Augustin. Wenn Sie wollen, schreiben Sie mit Ihren Worten einen betenden Lobpreis, was Gott Ihnen bedeutet.

61 aus: Confessiones 1,4-5

11. WAHRHEIT

BIBLISCHE REISEERFAHRUNG: JOHANNES 8,31-32

Es gibt Begegnungen, die können unser Leben verändern – Begegnungen mit Folgen. Meist sind sie unberechenbar, oft verlaufen sie anders als erwartet. Die kanadische Küstenwache hat ein Funkgespräch veröffentlicht, das am 10. Oktober 1995 zwischen einem amerikanischen Kriegsschiff und einer kanadischen Funkstation stattfand.

Amerikaner: Bitte ändern Sie Ihren Kurs 15 Grad nach Norden, um eine Kollision zu vermeiden. – Kanadier: Ich empfehle, Sie ändern Ihren Kurs um 15 Grad nach Süden, um eine Kollision zu vermeiden. – Amerikaner: Dies ist der Kapitän eines Schiffes der US-Marine. Ich sage noch einmal, ändern Sie Ihren Kurs! – Kanadier: Nein, ich wiederhole: Sie ändern den Kurs. – Amerikaner: Dies ist der Flugzeugträger Enterprise, ein sehr großes Schlachtschiff der US-Flotte. Ich verlange, dass Sie Ihren Kurs auf der Stelle ändern!!! – Kanadier: Dies ist ein Leuchtturm. Sie sind dran.

Selbst wenn dieser Dialog nur gut erfunden sein sollte, eine solche Begegnung mit Folgen kann man sich gut ausmalen. Manche Begegnungen sind von uns nicht einzuschätzen. Wir denken vorher, sie im Griff zu haben. Wir sind vorbereitet, fühlen uns überlegen. Wir erwarten nichts oder meinen alles zu wissen. Aber dann werden wir verändert oder erschüttert, gehen beschämt oder beschenkt, voll Gedanken oder zutiefst dankbar aus der Begegnung. Jesus nennt den Rahmen solcher Begegnungen, die Klarheit und Liebe zusammenhalten: „*Wenn ihr bleiben werdet an meinem Wort, so seid ihr wahrhaftig meine Jünger und werdet die Wahrheit erkennen und die Wahrheit wird euch frei machen*" (Joh 8,31-32).

Wahrheit braucht Begegnung

Die Bibel redet von Wahrheit, die mich verändert. Wahrheit ist nie bloßes Wissen, Wahrheit ist Erkenntnis, die mich wachsen lässt. Wahrheit entsteht nicht nur aus Denken, sondern sie begegnet mir. Wissen und Denken sind unersetzbare Hilfen, aber nie das Ergebnis. Erkenntnis ist ein Schritt auf dem Weg, aber noch nicht das Ziel. Das Ziel ist Begegnung, ist Beziehung. Jesus lädt uns nicht zur Vermehrung unseres Wissens ein, er will auch nicht Argumente tauschen oder eine gelungene Unterhaltung führen. Er will Menschen zu einer Begegnung mit Gott bringen, die sie verändert: Sie sollen Menschen nach Gottes Wohlgefallen werden, Lichter in einer dunklen Welt, Kanäle der Liebe Gottes.

Wir leiden im Westen unter einer Wahrheit, die Wissen und Erkenntnis als Selbstzweck sieht: Es gibt Forscher, die sich nicht verantwortlich fühlen für die Ergebnisse ihrer Forschung. Es gibt Politiker, die nicht nach Richtig und Falsch, sondern nach Erfolg beim Wähler entscheiden. Es gibt Gemeindeleitungen, die nach Macht und Anerkennung streben statt nach Recht und Wahrheit.

Gott begegnet uns anders. Er sagt uns keine Richtigkeiten über unser Leben von einer höheren Warte. Er bringt uns die Wahrheit, indem er zu uns kommt. Dass ich ein gottloser Sünder bin, erkenne ich, indem ich Jesus kennenlerne, den Gott an meiner Seite. Ihr werdet die Wahrheit erkennen, sagt Jesus, d. h., ihr werdet ihr begegnen. Alle Predigten Jesu geschahen in Begegnungen. Sie sind nicht Belehrungen, sondern immer angebotene Gemeinschaft.

Da ist der Zöllner Zachäus: Er kann die Wahrheit über sein Leben annehmen, weil Jesus sein Gast ist. Da geht eine Frau mittags an den Brunnen: Sie bekommt die Sehnsucht ihres Lebens gedeutet, weil Jesus an ihrer Seite steht. Die Hörerinnen und Hörer der Bergpredigt strömen zusammen, weil Jesus Kranke gesund gemacht und Besessene befreit hat. Sie reagieren betroffen, denn er lehrt sie mit Vollmacht. D. h., er redet nicht nur informierend wie andere Schriftgelehrten, sondern bewegend. Er ist das fleischgewordene Wort, sagt Johannes (Joh 1,14), Mensch gewordener Gotteswille, lebendiges Wort, nicht nur Sprache. Wahrheit heißt: Begegnung findet statt, nicht nur Information. Veränderung ist das Ziel, nicht nur Rede.

Es gibt Wahrheit, die hat immer recht, aber verändert nichts mehr. Das ist dann Wahrheit ohne Liebe: Kalte lieblose Rechthaberei. Pilatus ist ihr Vertreter. Vor Jesus behält er saubere Hände – und verpasst doch die Liebe. Vor solch einer kalten Wahrheit ohne Liebe habe ich Angst.

Es gibt Liebe, die immer nur nachgibt, aber nie Grenzen setzt. Das ist Liebe ohne Wahrheit: Unverbindliche, überflüssige Harmlosigkeit. Die Menschen verlassen Gottesdienste, die harmlos sind, wo von der Liebe Gottes die Rede ist, ohne dass der Preis genannt wird, den Gott dafür zahlt. Solche Rede von Liebe braucht niemand, weil harmlose Liebe uns nicht verändert.

Wahrheit ohne Liebe ist kalt, Liebe ohne Wahrheit belanglos. Die Welt ist voll von beidem. Was uns fehlt, sind Menschen, die Wahrheit in Liebe festhalten. Davon können wir in unseren Gemeinden nie genug haben. Es gibt erbitterten Streit in unserer Kirche. Mancher Streit ist unumgänglich. Aber nicht jeder wird in Liebe und Wahrheit geführt. Vordergründig scheint es um die Wahrheit zu gehen, aber dahinter stehen Neid und Machtstreben. An der Oberfläche erscheinen steile Worte, aber darunter werden Rechnungen beglichen. Pastor Paul Deitenbeck hat einmal gesagt: Ich will mit dem theologischen Gegner so umgehen, dass ich ihm auch noch auf dem Sterbebett begegnen kann. Wahrheit entsteht aus Begegnung mit Jesus, Wahrheit braucht Begegnung.

Freiheit gibt es nur in Bindung

Keine Gesellschaft bisher hat so sehr auf Bilder und Suggestion, auf Werbung und Beeinflussung gesetzt wie die unsere. Die Illusion ist: Je mehr Wahlmöglichkeit, umso mehr Freiheit. Die Realität: Je mehr Angebote, umso mehr Verunsicherung. Um die Freiheit einer Skiabfahrt zu genießen, brauche ich eine gute Bindung. Wer Freiheit ohne Bindung will, gerät auf eine glatte Fahrbahn und wird irgendwann ins Schleudern geraten

Ins Schleudern kommen wir durch Beschönigung der Wahrheit. Es gab Fotos in der Bonner Ausstellung „Bilder die lügen“, auf denen nach der Bearbeitung etwas Entscheidendes fehlte. Da ist z. B. die Begegnung von Clinton und Kohl in Eisenach. Da gibt es eine zweite Version in einer offiziellen Broschüre der thüringischen Landesregierung. Auf ihr fehlt ein Plakat der Zuschauer mit der Aufschrift: „Ihr habt auch in schlechten Zeiten dicke Backen“. Der Regierungssprecher soll übrigens eine Stellungnahme dazu abgelehnt haben …

Was hier vermutlich ein Pressereferat retuschiert hat, findet tausendfach im Alltag statt. Wir vertuschen, korrigieren und entschuldigen. Wir beschönigen unsere Geschichte – und damit zieht die Lüge ein.

Beschönigung verlockt uns zur Fortsetzung. Ein Dorfdepp war dafür bekannt, wenn ihm ein Euro und 50 Cent wahlweise angeboten wurde, dass er stets die 50 Cent wählte. Die Touristen versuchten es immer wieder und freuten sich darüber, dass der Depp so blöd war. Ein Einheimischer sagte schließlich zu ihm: „Du weißt doch auch, dass ein Euro mehr ist als 50 Cent?" Der Sepp: „Wenn ich nur einmal den Euro nehme, bekomme ich gar nichts mehr." Wo wir uns Vorteile versprechen, wird die Wahrheit abgeändert, verschwiegen oder weggelassen. Wir denken, dass wir Vorteile hätten, aber wir verstricken uns tief. Mit jeder Lüge wird die Fahrbahn glatter.

Es gibt eine tiefe Illusion über Freiheit: Als ob sie identisch wäre mit absoluter Bindungslosigkeit. Je weniger Verpflichtungen, je weniger Bindungen, desto freier. Die Grundaussage der Bibel ist genau das Gegenteil: Nie ist der Mensch freier als im tiefen Vertrauen zu seinem Gott. Nirgends ist der Mensch souveräner als im konzentrierten Hören auf Gottes Wort. Nie ist der Mensch unabhängiger als in der vollständigen Abhängigkeit von Gott. „Wenn ihr bleibt an meinem Wort, wenn ihr mein Jünger seid, gehört ihr auf die Seite der Wahrheit, lebt ihr in Gottes Freiheit." Nur die Bindung an Jesus beendet das Schlingern unseres Lebens.

Jesus redet vom Bleiben an seinem Wort, vom Heimischwerden im Wort Gottes. Klaus Bockmühl hat gesagt: „Wir müssen getränkt sein vom Wort der Schrift, um richtig hören zu können." Jesus lädt Menschen ein, sich mit ihrer ganzen Existenz an ihn zu binden, als Jüngerinnen und Jünger ihm nachzufolgen. Wenn mir jemand sagt: Ich spüre davon nichts, ich mache keine Erfahrungen mit Jesus, dann frage ich zurück: Welche Rolle spielt Gottes Wort bei dir? Wo setzt du dich dem Wort aus? Jesus verspricht: Wenn ihr bleiben werdet an meinem Wort, seid ihr meine Jünger und werdet die Wahrheit erkennen. Bleiben heißt: Da sein, wo das Wort ist, mit Gnade und Wahrheit getränkt werden wie ein trockener Schwamm.

1943 sitzt ein müder, angefochtener Bonhoeffer im Gefängnis. Er dichtet: „Wer bin ich? Sie sagen mir oft, ich träte aus meiner Zelle gelassen und heiter und fest, wie ein Gutsherr aus seinem Schloss … Bin ich das wirklich, was andere von mir sagen? Oder bin ich nur das, was ich selbst von mir weiß? Unruhig, sehnsüchtig, krank, wie ein Vogel im Käfig, ringend nach Lebensatem, als würge mir einer die Kehle, hungernd nach Farben … dürstend nach guten Worten … Wer bin ich? Heute dieser und morgen ein anderer? Bin ich beides zugleich? Vor Menschen ein Heuchler und vor mir selbst ein verächtlich wehleidiger Schwächling? … Wer ich auch bin, du kennst mich, dein bin ich, o Gott!“[62] Was für eine Geborgenheit in der Anfechtung!

Viele fragen: Was ist daran Freiheit, wenn Gott mein Zuhause, wenn Jesus mein Hirte ist? Bin ich nicht nur als mein eigener Herr frei? – Ihr werdet selbst wissen und entscheiden können, was gut und böse für euch ist – dieses verführerische Lied singt der Vater der Lüge seit Beginn der Welt (1. Mo 3,5, Joh 8,44). Er will uns damit von der einzigen Bindung abhalten, die uns völlig frei macht: Wo wir als Geschöpfe den Schöpfer loben, als Geschwister Jesu den Vater lieben,

62 Dietrich Bonhoeffer, Wer bin ich?, in: Widerstand und Ergebung. DBW 8, Gütersloh 1998, 513f

als Wohnort des Geistes für Gott leben. Nur in der Begegnung mit Gott werde ich dies als die größte Lüge erkennen, dass ich ohne ihn freier wäre als mit ihm.

Orte der Liebe und Wahrheit

Es gibt eine große Sehnsucht nach Wahrhaftigkeit – und Jesus verspricht uns, dass seine Gemeinden Orte der Wahrheit, befreite Plätze in einer Welt der Lüge sein werden. Vor Jahren hörte ich auf einem christlichen Kongress fasziniert einem Redner zu. Er erzählte von seinem Versagen – und was er daraus geistlich gelernt hatte. Er ging damit nicht hausieren, er wusch keine schmutzige Wäsche. Er war nur absolut ehrlich – und ich dachte: Deine Fehler machen mir mehr Mut als deine Stärken. Wahrheit hat eine eigene Attraktivität, wenn wir Vertrauen zum Gott der Wahrheit fassen können. Wahrheit muss Schwäche und Sünde nicht verstecken, weil dieser Gott Sünderinnen und Sünder liebt. Probleme hat er mit denen, die sich der Wahrheit entziehen.

Wo Wahrheit verändert, beschönigt, verdreht oder halbiert wird, entsteht Distanz. Auch Verschweigen entfernt Menschen voneinander und von Gott. Befreiung passiert nur durch Wahrheit. Durch die Wahrheit, die mir in Jesus begegnet und ihr Leben für mich gibt. Nichts anderes kann mich dazu bringen, selbst wahrhaftig zu werden und Wahrheit zu leben.

Unsere Versuchung ist: Abzuwägen, was wir davon haben, wahrhaftig zu werden. Und dann dosieren wir – meist irgendwo zwischen ganz oder gar nicht. Vor 10 Jahren ging es in England um Wahlbetrug. Und ein angeklagter Politiker – ich weiß nicht, ob er zur Regierung oder zur Opposition gehörte – entschuldigte sich mit den klassischen Worten: „Ich bin ziemlich ökonomisch mit der Wahrheit umgegangen." Wo Wahrheit von Gewinn und Verlust abhängt, können alle nur verlieren.

Vor Kurzem bekam ich eine Rückmeldung, die mich ziemlich getroffen hat. Eine von mir gut gemeinte Geste, die beurteilt und abgekanzelt wurde. Ich habe mich mehr geärgert, als ich wollte. Irgendwann merkte ich, wo das Problem lag. Ein kleiner Teil der Kritik, vielleicht 20 %, war richtig – und ich war in Versuchung, mich mit dem verletzenden Teil davor zu entschuldigen. Ich hätte aber damit die Wahrheit verpasst.

Wo in Gemeinden ehrlich geredet und verletzlich gelebt wird, kommen Menschen von ganz alleine. Sie sehnen sich nach Orten, wo sie sich nicht verstellen müssen. Sie wollen frei sein von Theater und Lüge, von Heuchelei und Schauspiel. Gemeinden mit Wahrhaftigkeit leben aus Vergebung und Neuanfang. Und sie haben eine Wirkung wie ein Leuchtturm: Von weither zu sehen, Orientierung für die ganze Umgebung. Eine Gemeinde in Wahrheit und Liebe ist weder von einem Flugzeugträger noch von irgendeiner anderen Macht dieser Welt zu überwinden.

Zum Vertiefen

- Was unterscheidet Wahrheit als Richtigkeit von Wahrheit als Begegnung?
- Warum ist Freiheit in Bindung, Freiheit-zu-etwas anders als Bindungslosigkeit, Freiheit-von-etwas?
- Wie können unsere Gemeinden zu Orten der Liebe und Wahrheit werden?

12. BILDER

BIBLISCHE REISEERFAHRUNG: 2. MOSE 20,4-6 UND KOLOSSER 1,15

Mal ehrlich: Macht Ihnen Veränderung Freude? Oder erzeugt sie Nervosität? Haben Sie das Gefühl, Sie werden hinterher als Verlierer dastehen, und wehren sich dagegen?

Da war ein Ehepaar, das 25 Ehejahre zusammen verbracht hatte und gerade seine silberne Hochzeit feierte. Plötzlich erschien eine Fee und teilte den beiden mit, dass sie jeweils einen Wunsch frei hätten. Die Frau wünschte sich eine Weltreise – die Fee schwang den Zauberstab und die Reisetickets erschienen aus dem Nichts. Danach war der Gatte an der Reihe. „Ich hätte gerne eine 30 Jahre jüngere Frau." Die Fee machte einen Kreis mit ihrem Zauberstab und schon war er plötzlich 90 Jahre alt.

Sich Veränderung zu wünschen, kann gefährlich sein: Wir selbst können die ersten sein, die es trifft. Aber Veränderung ist für die Kirche Jesu der Normalfall: Jesus startet sein öffentliches Wirken mit der Einladung zur radikalen Umkehr.

Nun haben manche den Eindruck: Vor lauter oberflächlichem Aktionismus vertrocknen unsere Gemeinden an geistlicher Dürre. In England hörte ich einen ironischen Spruch aus der Gemeindebasis: „Leute, zieht die Köpfe ein, unser Pastor kommt von einem neuen Seminar zurück!" Veränderung ist kein Wert an sich, jedenfalls dann, wenn sie um ihrer selbst willen geschieht. Ich kenne einen Pastor, der jedes Jahr etwas Neues versucht, weil er spürt, dass etwas getan werden muss. Aber er hat nicht analysiert, was in der Gemeinde faul ist. Die Gemeinde ist sich nicht klar über ihre Werte. Es gibt keinen langfristigen Plan mit klaren Zielen. Der Kurs der Gemeinde erinnert an ein Zickzack-Muster. Matthias Claudius würde kommentieren: „Wir spinnen Luftgespinste und suchen viele Künste und kommen weiter von dem Ziel."

Gottes Kreativität verändert und gestaltet nach 1. Mose 1 in sieben Schritten das Chaos, bis die Schöpfung sehr gut ist. Wie also entsteht eine fruchtbare und nachhaltige Veränderung, die sich an Gottes Vorgaben orientiert?

Veränderung nährt sich aus guten Bildern Gottes. Gottes Bilder geben ihr die Kraft, aus der sie geschieht – und sie sind das Maß, an dem sie sich orientieren muss. Ohne dieses Feuer stirbt jede Veränderung, ohne dieses Maß scheitert sie. Die Bibel stellt im zweiten Gebot unsere Bilder unter eine notwendige Begrenzung: *„Du sollst dir kein Bildnis noch irgendein Gleichnis machen, weder von dem, was oben im Himmel, noch von dem, was unten auf Erden, noch von dem, was im Wasser unter der Erde ist: Bete sie nicht an und diene ihnen nicht!"* (2. Mose 20,4f). Und sie weist uns zu Christus als dem für uns erfassbaren Bild Gottes: *„Er ist das Ebenbild des unsichtbaren Gottes, der Erstgeborene vor aller Schöpfung"* (Kol 1,15).

Gute Bilder haben schöpferische Kraft

Veränderung braucht Ziele – aber sie braucht vor allem eine Kraft, aus der sie geschieht. Ein von Gottes Geist inspiriertes Bild, das uns prägt, ist die stärkste Kraft für eine nachhaltige Veränderung.

1963 steht in Washington vor einer unübersehbaren Menge von Demonstranten als letzter Redner ein junger schwarzer Prediger. Und er malt in die Sehnsucht nach Gerechtigkeit, in das Leiden an dem täglichen Rassismus ein Bild hinein: „Ich habe einen Traum, dass eines Tages auf den roten Hügeln von Georgia die Söhne früherer Sklaven und die Söhne früherer Sklavenhalter miteinander am Tisch der Brüderlichkeit sitzen können ... Ich habe einen Traum, dass meine vier kleinen Kinder eines Tages in einer Nation leben werden, in der man sie nicht nach ihrer Hautfarbe, sondern allein nach ihrem Charakter beurteilt." Wenige Jahre später ist Martin Luther King tot, hingemordet durch die Hetze gegen ihn. Aber sein Bild wirkt – bis heute.

Ich habe in den vergangenen Jahren viele Gemeinden besucht. Die wachsenden, die attraktiven und ausstrahlenden Gemeinden hatten alle ein Bild, das sie motivierte. Manchmal war es schriftlich fixiert oder hing an der Wand, viel häufiger war es in Köpfen und Herzen lebendig. Die Bilder waren sehr unterschiedlich – aber sie hatten meist zwei visionäre Bestandteile. Gott ernst nehmen – und den Menschen dienen, die ohne Gott leben.

Altkanzler Schmidt soll gesagt haben: Wer Visionen hat, muss zum Arzt. Der Prophet Joel würde ihm antworten: Wer *keine* hat, ist arm dran (Joel 3,1). Echte Visionen sind geistliche Bilder, die uns in Bewegung setzen. Sie sagen etwas über die Kraft, die uns bewegt. Welche Bilder bewegen Sie in Ihrem Glauben? Und welche Bilder prägen Ihre Gemeinde?

Der katholische Bischof Kamphaus hat die Frage gestellt: „Wie nähren wir unsere geistlichen Träume und Visionen?" Seine Antwort: „Indem wir offen sind für sie. Es ist ein Riesenunterschied, ob ich sage: Was soll's? Spinnerei! Oder: Warum eigentlich nicht?" Wir müssen Gottes gute Bilder „zulassen, damit sie in uns heimisch werden, uns inspirieren und auf den Weg bringen".[63] Sie haben schöpferische Kraft.

Falsche Bilder verzerren unseren Glauben

Bilder können auch gefährlich sein, sie entwickeln ein Eigenleben, sie verführen. In der Hand von Gurus oder Demagogen sind sie gefährlicher als Panzer oder Bomben. Nicht ohne Grund stehen hinter dem ersten Gebot zwei weitere, um die Gottesbeziehung vor tiefem Missbrauch zu schützen.

„Du sollst dir kein Bildnis noch irgendein Gleichnis machen, weder von dem, was oben im Himmel, noch von dem, was unten auf Erden, noch von dem, was im Wasser unter der Erde ist: Bete sie nicht an und diene ihnen nicht!" (2 Mo 20,4-5).

Die Auslegungen dieses Gebotes gehen weit auseinander. Manche haben daraus geschlossen, dass man überhaupt keine Bilder malen soll – wenn Sie in Kirchen dieser Art kommen, haben die etwas von einem noch nicht eingerichteten Büro. Andere haben es schlicht unterschlagen; in Kirchen dieser Richtung steht es noch nicht einmal im Katechismus.

Vielleicht entsteht die Schwierigkeit daran, dass Bilder schnell Eigendynamik entwickeln. Das menschliche Herz neigt dazu, sich eigene Bilder zu suchen, und irgendwann haben die Bilder mehr Gewicht als die Wirklichkeit. Bilder anbeten heißt, ihnen einen Stellenwert zu geben, der allein Gott zukommt.

In der Bibel steht eine erschreckende Geschichte. Da ist eine gefährliche Situation in der Wüstenzeit. Nur diejenigen überleben, die auf das Bild einer eisernen Schlange blicken.

63 Franz Kamphaus, zit. in: der Atem der Freiheit, Herder, 2002, 25

Als geistlicher Merkposten wird die Schlange aufgehoben und mitgeführt. Ein Bild, das rettet – in 4. Mose 21 ist es nachzulesen. Jahrhunderte später, in der Königszeit, hat dieses gleiche Bild sich zum Götzen weiterentwickelt. Der Reformer Hiskia muss das Bild zerstören, weil es vom lebendigen Gott ablenkt (2. Kön 18).

Eine erschreckende Aussicht: Sogar das, was einmal geistlich war, Leben rettete, Gottes Gebot verdeutlichte, kann ein Eigenleben entwickeln, zur Verführung werden. Kennen Sie in Ihren Gemeinden solche Bilder, die einmal gut waren, jetzt aber hinderlich sind?

Eine indische Geschichte sagt: Jeden Abend, wenn sich der Guru zur Andacht niederließ, pflegte die Ashram-Katze herumzustreunen und die Beter abzulenken. Also ließ er die Katze während des Abend-Gottesdienstes draußen vor der Tür anbinden. Nach dem Tod des Guru wurde die Katze auch weiterhin während des Abend-Gottesdienstes angebunden. Und als die Katze schließlich starb, wurde eine andere Katze zum Ashram geholt, sodass man sie ordnungsgemäß während des Gottesdienstes anbinden konnte. Jahrzehnte später schreiben die Schüler des Guru Abhandlungen darüber, welche Rolle Katzen in jedem ordentlichen Kult spielen. Wer sich vor der Katze nicht verbeugte, galt fortan als Sünder. Und wer die Bedeutung der Katze für die rechte Anbetung infrage stellte, wurde als Ketzer ausgeschlossen.

Über verrückte Traditionen bei anderen kann ich leicht schmunzeln. Aber erkenne ich meine eigenen Katzen? „Tradition ist nicht das Bewahren der Asche, sondern das Schüren der Flamme“, soll Jean Jaures gesagt haben. Wie viel Energie wird in Ihrer Gemeinde auf die Asche und wie viel auf die Glut verwendet? Ein weiser Mensch hat gesagt: „Wenn wir das, was die Väter und Mütter taten, so tun, wie die Väter und Mütter es taten, tun wir nicht mehr, was die Väter und Mütter taten."

Das zweite Gebot schützt nicht Gott, sondern uns! Wenn wir Gott in unseren Vorstellungen einmauern, schadet das uns. Es ersetzt die lebendige Beziehung zu unserem Schöpfer durch ein totes Bild. Das kann ganz unmerklich passieren: Die eiserne Schlange war lange hilfreich – aber irgendwann hat sie ein Eigenleben entwickelt, hat sie die Neuausrichtung auf Gott verhindert.

Falsche Bilder bewirken entweder Selbstvermessenheit (Stolz, Arroganz) oder Selbstverzweiflung – beides sind nur zwei Seiten der gleichen Münze. Jesus gibt uns ein unbestechliches Kriterium, ob ein Bild von Gott kommt: Lässt es meine Liebe zu Gott und zum Nächsten wachsen und hilft es mir, mich selbst anzunehmen – oder nicht? Durch welche Bilder lassen Sie sich leiten? Wir wählen gute Bilder – aber Gottes Geist macht die Wirkung.

Gottes Bild suchen

Ich las in Hape Kerkelings Bestseller „Ich bin dann mal weg": Ein bekannter Entertainer, ein klassischer Sofa-Fan geht auf den Jakobsweg, macht sich alleine auf den anstrengenden Weg einer spirituellen Suche. Sein Pilger-Weg ist eine verwirrende Mischung aus Banalitäten und Gottessuche: Seine schmerzenden Füße beschäftigen ihn mindestens genauso wie seine spirituelle Sehnsucht. Irgendwo will er mal einen ganzen Abschnitt überhaupt nicht denken – was ihm sehr schwerfällt. Unterwegs wird ihm klar: „Auf diesem Weg treffe ich eigentlich immer wieder nur auf eins: Auf mich." Er sieht eine Frauenpilgergruppe aus Ulm, die ihn erkennt und ratlos nach der versteckten Kamera sucht. Er sieht Hunde und spanische

Bauern. Aber abends notiert er etwas Erstaunliches: „Meine Erkenntnis ist eigentlich unsagbar. Ich habe Gott getroffen!“[64]

Kerkelings Suche ist typisch für unsere Zeit. Was er genau sucht, weiß er nicht, aber er merkt, wie er sich auf dem Weg verändert. Irgendetwas hat ihn an dem Tag berührt, aber es ist noch ein anonymer Gott. Und bis zuletzt ist nicht klar, ob er darin wieder nur sich selbst begegnet ist.

Paulus konzentriert die Gottes-Erfahrung der ersten Christen in einem Lied, das er im Kolosserbrief zitiert: „Jesus Christus ist das Ebenbild des unsichtbaren Gottes“ (Kol. 1, 15). Wenn ihr die Spannung lösen wollt zwischen einem unsichtbaren Gott und der Sehnsucht nach einem Bild dieses Gottes, dann schaut auf Jesus. Er zeigt euch, wie Gott ist. Es ist nicht alles Gott, was du siehst. Es ist nicht alles Gott, was du fühlst. Wir haben in der allgemeinen Gottessuche das Wichtigste überhaupt anzubieten. Du suchst Gott? Komm mit, ich zeig dir sein Bild! Schau auf Jesus – so ist Gott.

Deswegen ist Jesus so wichtig für ein gutes Gottesbild – er schafft es. Christus nachzufolgen, ist ein Neuentdecken Gottes. *„Ihn habt ihr nicht gesehen und habt ihn doch lieb; und nun glaubt ihr an ihn, obwohl ihr ihn nicht seht“* (1. Pt 1,8). Gott bleibt derselbe – aber die Art, wie wir ihn wahrnehmen, nicht. Wenn ich meine, Christus zu kennen, habe ich vielleicht schon aufgehört, ihn zu entdecken. Der Heilige Geist bewirkt eine Liebe zu Jesus, die uns neu nach ihm fragen lässt.

64 Hape Kerkeling, Ich bin dann mal weg. Meine Reise auf dem Jakobsweg, 8. Aufl. Malik/München 2006, 186

Die falschen Bilder austreiben

Falsche, schädliche Bilder werden nicht durch Argumente überwunden, sondern durch Räumung. Sie müssen vor die Tür gesetzt – und durch neue, heilende, biblische Bilder ersetzt werden. Wenn ihr Platz nicht besetzt wird, warnt Jesus, kommen schlechte Bilder zurück wie dämonische Hausbesetzer, finden das Haus leer und ziehen mit siebenfacher Wirkung wieder ein.[65]

Welche Bilder haben Sie von sich selbst?

Bei mir entdecke ich einen tief verwurzelten Perfektionismus, dem es nie reicht. Deshalb fällt es mir bis heute schwer, mich an Erfolgen und Gelungenem zu freuen. Ich kenne Menschen, die schwere Lebenserfahrungen so verinnerlicht haben, dass sie nichts Neues, Besseres mehr erwarten – alles, was kommt, bestätigt nur noch ihre schweren Erfahrungen.

Gottes Wort schenkt mir ein neues Bild von mir: *„Ihr seid alle durch den Glauben Gottes Kinder in Jesus Christus*“ (Gal. 3, 26). Kind eines liebenden Vaters bin ich, nicht Leistungsmaschine.

Welche Bilder haben Sie von den Menschen Ihrer Umgebung?

Jedes in ein Bild hineingebannte Du sei tot, meint der Ausleger Hansjörg Bräumer. Wer andere festlegt, gibt die Hoffnung auf Neuanfang auf. Das neue Bild sagt: Gott kann andere genauso verändern wie dich.

65 Mth. 12, 43-45

Welche Bilder sind in Ihrer Gemeinde wirksam?

„Wir sind die letzten auf dem sinkenden Schiff?“ Oder das Gegenteil: „Wir sind so gut, wir brauchen nichts?“ Beides sind Götzen. Die Bibel schenkt uns neue Bilder: Die Braut des wiederkommenden Herrn z. B. oder das Licht der Welt.

Welche Bilder von Gott geben wir weiter?

Der englische Christ Adrian Plass meint, viele Christen präsentieren zu oft einen Gott, der weitgehend ein Produkt ihrer eigenen Wünsche oder Probleme ist. Da ist der Knauserer, der einen knauserigen Gott predigt. Die Frau, die unter ihrer grausamen Eltern litt und jetzt den Eindruck hat, dass der Herr da weitermacht, wo ihre Eltern aufhörten. Oder der Organisierte, der jede Unordnung hasst und absolut sicher ist, dass Gott im Grunde eine große komplizierte Tabelle ist. Und er nennt auch chaotische Christen wie sich selbst, „die zu der Ansicht neigen, es liege ein göttlicher Segen auf gutwilliger Verantwortungslosigkeit“.[66] Meine Kirche tendiert gelegentlich zu einem Gott, dessen wichtigste Erfindungen Ausschüsse, Papiere und Beamtenrecht zu sein scheinen.

Friedrich Nietzsche war einer der schärfsten Kritiker des Christentums in den letzten 100 Jahren – und zugleich einer der Gottessehnsüchtigsten. „Ich habe fliegen gelernt: seitdem will ich nicht erst gestoßen sein, um von der Stelle zu kommen“, sagt er.[67] Den Christen und ihrem Gott hat er unterstellt, dem „Geist der Schwere“ nachgegeben zu haben.

Die meisten Christen tappen im Lauf ihres Lebens in die Falle, ein Bild von Gott weiterzugeben, das mehr mit der

66 Adrian Plass, Im Nebel auf dem Wasser gehen, Brendow Moers 2005, 148f

67 F. Nietzsche, Also sprach Zarathustra. Dort auch die folgenden Zitate.

Schwere ihres Lebens als mit Gott zu tun hat. Ein Tipp von Adrian Plass dazu: Immer eine Tür im Denken offen lassen, damit richtige Gedanken hineinkommen und an die Stelle der falschen treten können. Dann „kann ich meinen Vorrat an geliebten Gewissheiten wie die Waffen eines Unterlegenen zu Jesu verwundeten Füßen ablegen“ (Plass). Nietzsche hat immerhin auch gesagt: „Ich würde ... an einen Gott glauben, der zu tanzen verstünde.“ Unser Gott kann viel mehr als tanzen – er kann verändern, auferwecken, neu schaffen.

Im alten Indien wurde ein Mann zum Tode verurteilt. Er handelte mit dem König aus, das Urteil aufzuheben, wenn er dem Pferd des Königs innerhalb eines Jahres das Fliegen beibringe. Als ihn seine besorgten Freunde fragten, wie er das Versprechen denn einlösen wolle, sagte er: „Im Lauf eines Jahres kann viel passieren – der König kann sterben, das Pferd kann sterben, oder es kann fliegen. Wer weiß?“

Christen glauben an einen Gott, der nicht nur Pferde zum Fliegen bringen, sondern sogar Tote auferwecken kann: Sollte diesem Gott irgendetwas unmöglich sein?

Zum Vertiefen:

- Welche guten Bilder Gottes haben Ihr Leben geprägt?
- Kennen Sie die Erfahrung, dass falsche Gottesbilder verzerren?
- Welches Bild Gottes entdecken Sie in Jesus Christus?
- Wie können wir gute Bilder gewinnen: von uns selbst, von unseren Nächsten, von unserer Gemeinde, von Gott?

AUFTRAG

13. SICH VERÄNDERN LASSEN

BIBLISCHE REISEERFAHRUNG: JEREMIA 8,4-7

Vor einiger Zeit saß ich im Wartezimmer eines Arztes und las im SPIEGEL ein Interview mit dem Bremer Gehirnforscher Gerhard Roth. Er hat ein Buch geschrieben zum Thema „Warum es so schwierig ist, sich und andere zu ändern". Wir scheitern daran, uns selbst zu verändern – vor allem, wo unbewusste Motive unsere Entscheidungen mitbestimmen. 20 bis 50 Prozent unseres Wesen entstammen eh unseren Genen, sagt der Forscher – und ein weiterer Teil unserer Persönlichkeit wird durch die enge Bindung an unsere Mutter in den ersten Jahren unseres Lebens geprägt. G. Roth ist ziemlich skeptisch: „Mich selbst ändern kann ich gar nicht. Das habe ich aufgegeben. Meine Persönlichkeit lässt mir nur sehr eingeschränkte Möglichkeiten, anders zu reagieren, als ich festgelegt bin."

Das sind zentrale Fragen unseres Lebens: Wann ist es Zeit, etwas zu ändern? Und wie kommen wir dahin, das zu tun, was wir als richtig erkannt haben? Warum tun Menschen nicht das, was für sie und andere gut wäre, sondern oft das Gegenteil? Manche sagen: „Na bitte, hab ich's doch immer schon geahnt, ich kann sowieso nicht anders! Steht ja sogar in der Zeitung. Ich bin halt faul, also müssen die anderen damit leben. Ich habe eine schwierige Kindheit gehabt, also bleibe ich mein Leben lang misstrauisch, unfähig zu tiefen Beziehungen. Das Einzige, was bei mir wirkt, ist starker äußerer Druck – aber von selbst kann ich die Hauptprobleme meines Lebens nicht lösen."

Stecken wir fest in der Falle der Unveränderbarkeit? In der Enttäuschung der vielen nie umgesetzten Vorsätze? Mit der tiefen Sehnsucht, anders zu sein, Liebe empfangen und Liebe geben zu können? Aber zugleich mit der wachsenden Resignation: Du kannst dich doch nicht wirklich ändern? Kennen Sie das? Das sind auch Fragen, denen Jeremia begegnet:

Du sollst zu ihnen sagen: So spricht der Herr: Wenn jemand fällt, steht der nicht wieder auf? Wenn jemand vom Weg abkommt, kehrt der nicht wieder zurück? Warum bleibt dieses Volk bei den falschen Göttern und beharrt auf Abkehr? Warum hält es am Irrtum fest, weigert sich umzukehren? Ich höre genau hin: Schlechtes reden sie, keiner bereut sein böses Tun und sagt: Was habe ich getan? Alle wenden sich ab und laufen weg, schnell wie ein Ross, das im Kampf dahinstürmt. Selbst der Storch am Himmel kennt seine Zeiten; Turteltaube, Schwalbe und Drossel kennen die Zeiten ihrer Rückkehr; mein Volk aber kennt nicht die Ordnungen des Herrn.

Jeremia redet zu einem Volk, das seit Langem von Gott infrage gestellt und zur Umkehr gerufen wird – das sich aber genauso lange schon taub stellt. Da ist Judas politische Schaukelpolitik zwischen zwei Großmächten. Da sind wachsende soziale Spannungen in der Gesellschaft: Viele werden immer ärmer – einige immer reicher. Beides ist gekoppelt mit einem unbeirrbaren Vertrauen, dass Gott auf ihrer Seite sein muss, weil es ja den Tempel in Jerusalem gibt. Wenige Jahre später wird Jeremia dann miterleben, dass das Ganze in der Katastrophe endet, die er vorausgesagt hat. Das Königreich wird erobert, das Volk ins Exil geführt – 500 Jahre Israel sind dann definitiv vorbei. Unser Text stammt aus der Zeit, als Umkehr und Veränderung noch möglich waren – und damit ein anderer Ausgang dieses Weges in den Abgrund. Wie ist Veränderung möglich?

Verweigerte Umkehr

Viele Menschen haben eine ganz seltsame Vorstellung von Sünde. Da sind ein paar kleine moralische Fehltritte. Oder etwas macht Spaß, aber die Kirche oder Gott sind dagegen. Die Bibel redet ganz anders. Sie sagt: Das tiefe Problem zwischen Gott und uns, das die Bibel „Sünde“ nennt, ist verweigerte Umkehr. Unser Schöpfer ruft uns, sucht nach uns, fragt uns – und wir überhören ihn, stellen uns gegen ihn, machen weiter, was wir richtig finden. Sünde ist nicht Unmoral, sondern verweigertes Hören. Das Falsche ist die Folge, aber nicht die Ursache. Die schädlichen moralischen Folgen sind Ergebnisse unseres Weghörens, sind nicht der Auslöser.

Karl Barth sagt, Sünde trete in drei Hauptformen auf:[68] als Hochmut, als Lüge und als Trägheit. Da ist der *Hochmut*: „Ich habe das nicht nötig.“ Beliebt ist auch: „Andere sind noch viel schlimmer als ich.“ Dann gibt es die *Lüge*. „Ich kann nichts dafür“ ist z. B. eine beliebte Lüge – eigentlich sind ganz andere schuld, meine Eltern oder auch ein Komplize. Die Lüge sagt: „Da sollen erst mal die anderen was tun, dann würde ich ja auch …“ Und die dritte Form nennt Barth die *Trägheit*: „Ich schaff das nicht“ – „Jetzt habe ich gerade anderes zu tun.“ Eine Unterform davon ist die Resignation: „Ich hab schon so viel versucht, es klappt doch nicht. Ich komm nicht aus meiner Haut.“ Der Schriftsteller Horvath hat das auf die Formel gebracht: „Eigentlich bin ich

68 Karl Barth, Kirchliche Dogmatik IV: Sünde als Hochmut und Fall (§ 60), als Trägheit und Elend (§ 65), als Lüge und Verdamnis (§ 70)

ganz anders, ich komme nur so selten dazu." In den meisten Menschen steckt zumindest eine Ahnung, dass sie anders leben sollten – wir können diese Ahnung aber sehr erfolgreich verdrängen, können sie stumm schalten, können sie auf andere lenken.

Das Ergebnis ist in jedem Fall: Weiter so. Wie ein Schlachtross, sagt Jeremia, das, einmal in Gang gesetzt, losstürmt. Ohne Überlegung, ohne Nachdenken, ohne Umkehr. Heute kämpfen wir nicht mehr mit Pferden. Wir würden vielleicht sagen: Wie die Lemminge. Oder wie eine große Menge in Panik – einfach „weiter so". Das ist aus Gottes Sicht so sinnlos wie jemand, der hinfällt und liegen bleibt. Oder wie jemand, der sich verirrt hat und einfach mal weiterfährt. Die Unlogik der Sünde ist, auf einem Weg weiterzumachen, der aus Gottes Sicht ins Unheil führt. Wie ein Arzt stellt Jeremia die bedrückende Diagnose „Verhärtung" (V 5): Sie halten so fest an ihrem Irrtum, dass sie nicht umkehren wollen. Und zu den Hauptsymptomen gehören Lüge und fehlende Reue. (V 6): Ich sehe und höre, dass sie nicht die Wahrheit reden. Niemand tut seine Bosheit leid.

Gottes geduldige Liebe

Im Herbst kann man die Zugvögel sehen, wie sie sich sammeln. Große Schwärme sitzen auf Leitungen, fressen sich auf den Feldern noch etwas Energie an für ihre lange Reise. Und dann, wie auf ein geheimes Kommando, fliegen sie los, Richtung Süden – um irgendwann im nächsten Jahr wiederzukommen. Am eindrucksvollsten sind für mich die V-Formationen der Gänse oder Kraniche – vielleicht, weil ich als Kind Nils Holgersons Reise mit den Wildgänsen verschlungen habe.

Ein starkes Bild: Die Vögel wissen instinktiv, wann sie handeln müssen – und sie tun es. Sie sagen nicht: Ich hab keine Lust. Sie sagen nicht: Sollen doch die andern fliegen. Die Jungvögel sagen nicht: Winter? Habe ich noch nie erlebt. Winter gibt's gar nicht, ich glaube nur, was ich sehe. Nein – Vögel sammeln sich und fliegen rechtzeitig dorthin, wo sie überleben können. Wieso schaffen die Zugvögel, zum richtigen Zeitpunkt das Richtige zu machen, aber Menschen schaffen es noch nicht einmal, Termine einzuhalten – geschweige denn, Gottes gute Gebote?

Das Bild des Jeremia deutet Gottes Ratlosigkeit an: Was mache ich mit deiner Unlogik? Mit deinem Weghören? Mit deiner Lieblosigkeit? Mit deiner Verhärtung? Habe ich einen Fehler gemacht, als ich dich mit Sprache, Liebesfähigkeit, freiem Willen ausstattete? Hätte ich dich besser mit Instinkten versehen, Mensch, und nicht über die Tiere hinausgehoben als mein Gegenüber? War das ein Fehler?

Vor einiger Zeit bekam ich Abends den Anruf eines Menschen, der mich fragte: Was soll mich noch davon abhalten, mich umzubringen? – und er kannte alle Argumente für das Leben. Ich war am anderen Ende der Leitung ratlos. Ich weiß nicht, ob Sie spüren, wie ratlos Gott ist. Wie Eltern, deren Kind sich selbst kaputt macht. Was soll ich denn noch tun?, fragt Gottes Liebe – und ist gegenüber unserer menschlichen Verstockung verwirrt. Wie kann man einen Weg ins Unheil verhindern, ohne dem anderen seine Freiheit zu nehmen?

Das ist die Geduld der Liebe. Gott setzt vorbehaltlos auf Liebe. Er zwingt uns nicht zu unserem Glück – wir haben die Freiheit zum Ungehorsam. Aber er akzeptiert unsere Ablehnung nicht als letztes Wort. Wo alle Appelle scheitern, macht sich Gott selbst auf und sucht uns. Statt uns in unser Elend rennen zu lassen, macht er selbst sich auf, um uns zu suchen, zu finden und da zu erlösen, wo wir uns vor ihm versteckt haben. Jedes Weihnachten feiern wir diesen Weg Gottes als Mensch, sein Kommen in die Abgründe menschlicher Flucht. Gottes Liebe lässt uns nicht allein in unserem Ungehorsam. Wir merken: Gott ist nicht ratlos, sondern geduldig.

Die eine große und die vielen kleinen Bekehrungen

Was heißt umkehren? Nach Jeremia: Von Gottes Liebe so überwältigt werden, dass ich meine Fluchten beende und in die Arme seiner Liebe falle. „Ich habe dich je und je geliebt, darum habe ich dich zu mir gezogen aus lauter Güte" (Jer 31,3).

Alle Menschen brauchen so etwas wie ihre Lebensbekehrung – egal, ob das sehr plötzlich ist oder ein Weg über eine längere Zeit. Diese Umkehr meint, dass ich den lebendigen Gott als meinen Gott akzeptiere, ihn in Jesus immer an meiner Seite haben will. Aber wir alle brauchen viele kleine, tägliche Bekehrungen – Luther hat das in seiner ersten These so an die Kirche von Wittenberg genagelt: Das ganze Leben der Christen soll eine ständige Umkehr zu Gott sein.

Martin Buber sagt: „Die große Schuld des Menschen sind nicht die Sünden, die er begeht – die Versuchung ist mächtig und seine Kraft gering! Die große Schuld des Menschen ist, dass er in jedem Augenblick die Umkehr tun kann und nicht tut."

Deswegen begrüßen Sie jede Unruhe, wo in Ihrem Leben etwas nicht so ist, wie Gott es will: Die *Unruhe* ist der erste Schritt zur Umkehr. Wer sich mit seinen Inkonsequenzen und Sünden angefreundet hat, ist viel gefährdeter als der, der darunter leidet. Vielleicht stimmt es, dass ich mich kaum ändern kann – aber ich kann reagieren, wenn Gott anklopft.

Der zweite Schritt der Umkehr ist das *Vertrauen*, dass Gott genau darauf wartet. Der dritte ist der *Entschluss* zur Veränderung, und der vierte Schritt ist die ernsthafte *Bitte* um Kraft zum Neubeginn. Eine lebendige Gemeinde hat eine Atmosphäre, in der Umkehr und Neubeginn der Normalfall sind.

Der amerikanische Soziologe Tony Campolo kam zum Urlaub nach Hawaii. Wegen des Zeitunterschiedes geriet er morgens um drei in eine Kneipe, wo nur noch ein paar Prostituierte rumstanden. Eine von ihnen, Agnes, erwähnte, dass sie am nächsten Tag Geburtstag habe – und noch nie eine richtige Party gehabt habe. Als sie weg war, fragte Tony den Barkeeper Harry, ob er am nächsten Abend wiederkommen und eine Party schmeißen dürfte. „Okay", sagte Harry, „aber wir übernehmen Essen und Torte." Tony beschreibt die Nacht so: Um 2.30 Uhr war ich wieder im Lokal, mit Deko-Krepp und einem großem Schild: „Herzlichen Glückwunsch Agnes". Irgendwie hatten alle davon erfahren, um 3.15 Uhr befanden sich sämtliche Prostituierten von Honolulu in dem Lokal. Als Agnes die Tür öffnete, sangen wir alle: „Happy Birthday …" Ich habe noch nie einen so verblüfften Menschen gesehen: Ihre Knie wurden weich, sie riss den Mund auf – und ihre Augen waren feucht.

Als der Kuchen reingetragen wurde, fing sie an zu weinen. Sie konnte kaum die Kerzen ausblasen – und wollte sich von dem Kuchen gar nicht trennen. „Harry, ist es okay, wenn ich den Kuchen noch ein bisschen behalte?" Harry: „Natürlich. Wenn du ihn behalten willst, kannst du ihn mit nach Hause nehmen." – „Wirklich?" Sie schaute mich an: „Ich bring den Kuchen nur eben heim, dann komme ich wieder." Sie trug den Kuchen raus, als wäre es der Heilige Gral.

Wir standen alle bewegungslos – über dem ganzen Lokal

lag ein betäubtes Schweigen. Weil ich nicht wusste, was ich machen sollte, fragte ich: „Habt ihr was dagegen, wenn ich bete?“ – Wenn ich heute zurückschaue, ist das sonderbar, dass ein Soziologe nachts um 3.30 Uhr mit Prostituierten in einem Lokal betet. Aber damals hatte ich das Gefühl, genau das Richtige zu tun. Ich betete für Agnes. Ich bat Gott, dass sich ihr Leben verändern würde. Dass Gott gut zu ihr sein würde.

Als ich fertig war, lehnte sich Harry mit einem leichten Anflug von Ärger über die Theke: „He, Sie haben mir nie gesagt, dass Sie Prediger sind. Zu was für einer Kirche gehören Sie denn?“ – Die richtigen Worte flogen mir irgendwie zu und ich antwortete: „Zu einer Kirche, die morgens um 3.30 Geburtstagspartys für Nutten schmeißt.“ – Harry wartete einen Moment, dann sagte er fast höhnisch: „Nein, das stimmt nicht. Solche Kirchen gibt es nicht. Wenn es so eine Gemeinde geben würde, würde ich sofort beitreten.“[69]

Ich wünsche mir, dass unsere Gemeinden Orte sind, wo Leute spüren: Hier treffen sich die, die zu Gott umkehren wollen. Veränderung ist möglich – und wenn Menschen umkehren, wird im Himmel eine Party gefeiert (Lk 15,7.10.23).

Zum Vertiefen:

- Kennen Sie die Erfahrung, dass Sünde „weiter so" bedeuten kann?
- Des Menschen Freiheit zum Ungehorsam trifft auf Gottes liebevolle Geduld: Hätten Sie Gott ein anderes Vorgehen vorgeschlagen?
- Wo spüren Sie Unruhe zur Umkehr?

69 Tony Campolo, Party auf Zimmer 210, Asslar, 2. Aufl 2007, 248ff

14. EINFACH LIEBEN

BIBLISCHE REISEERFAHRUNG: 5. MOSE 6,1-9 UND MARKUS 12,29-31

Jeden Morgen und jeden Abend beginnen fromme Juden ihr Gebet mit: „Höre Israel, der Herr unser Gott ist einer." Höre Israel, „Schema Jisrael", dies Gebet gehört zusammen mit der Gebetskleidung, den Erinnerungszeichen an der Tür und dem Weitergeben der Gebote an die nächste Generation zum Kern des Glaubens Israels. Die beiden Worte stehen auch unter der großen Menora, dem Leuchter im Jerusalemer Parlament. Was mit Gott zu tun hat, beginnt mit dem Hören. Er redet am Beginn der Welt, er gibt sein Gebot, damit wir leben, er sendet seinen Sohn als lebendiges Wort zur Erlösung, er redet durch seinen Geist in unser Leben, sein Wort trägt die Welt – und am Ende wird sein Wort diese Schöpfung verwandeln in einen neuen Himmel und eine neue Erde.

In 5. Mose 6,1-9 steht dieses Grundgebot, das uns zum Hören auffordert: *Dies sind die Gesetze und Gebote und Rechte, die der HERR, euer Gott, geboten hat, dass ihr sie lernen und tun sollt in dem Lande, in das ihr zieht, es einzunehmen, damit du dein Leben lang den HERRN, deinen Gott, fürchtest und alle seine Rechte und Gebote hältst, die ich dir gebiete, du und deine Kinder und deine Kindeskinder, auf dass du lange lebest. Israel, du sollst es hören und festhalten, dass du es tust, auf dass dir's wohlgehe und du groß an Zahl werdest, wie der*

HERR, der Gott deiner Väter, dir zugesagt hat, in dem Lande, darin Milch und Honig fließt. Höre, Israel, der HERR ist unser Gott, der HERR allein. Und du sollst den HERRN, deinen Gott, lieb haben von ganzem Herzen, von ganzer Seele und mit all deiner Kraft. Und diese Worte, die ich dir heute gebiete, sollst du zu Herzen nehmen und sollst sie deinen Kindern einschärfen und davon reden, wenn du in deinem Hause sitzt oder unterwegs bist, wenn du dich niederlegst oder aufstehst. Und du sollst sie binden zum Zeichen auf deine Hand, und sie sollen dir ein Merkzeichen zwischen deinen Augen sein, und du sollst sie schreiben auf die Pfosten deines Hauses und an die Tore.

Und genau damit antwortet Jesus, als ein Schriftgelehrter nach dem wichtigsten Gebot fragte: *Das höchste Gebot ist das: „Höre, Israel, der Herr, unser Gott, ist der Herr allein, und du sollst den Herrn, deinen Gott, lieben von ganzem Herzen, von ganzer Seele, von ganzem Gemüt und von allen deinen Kräften“.* Und er ergänzt: *Das andre ist dies: „Du sollst deinen Nächsten lieben wie dich selbst“* (Markus 12,29-31).

Es sind keine andere Gebote größer als diese beiden. Aber wie gut hören wir sie? Der Amerikaner Joshua Bell ist einer der weltbesten Geiger – seine Violinkonzerte füllen die Konzerthallen, Musikliebhaber zahlen hohe Preise, um ihn auf seiner Stradivari zu hören. Die Washington Post lud ihn zu einem Experiment ein: Spiele als Straßenmusiker! Im Januar 2008 geigte er morgens in der Rush Hour in einer U-Bahn-Station vor Passanten. Der Direktor des Nationalen Symphonie-Orchesters hatte vermutet: Von 1.000 Leuten werden 35–40 die Qualität der Musik erkennen, 75–100 werden anhalten, um zuzuhören, und er wird etwa 150 Dollar sammeln. Die Sicherheitsdienste befürchteten Ansammlungen und Aufläufe. Sie irrten sich alle. Sieben Leute hielten etwas länger an, um zuzuhören, 27 gaben Geld, fast alle im

Weitergehen, insgesamt 32 Dollar. Eine Ansammlung gab es nie. Eine einzige Frau erkannte Bell, blieb länger stehen und gab 20 Dollar. – Einer der besten Geiger spielt sechs der schönsten Stücke auf einer der wertvollsten Violinen – und über 1.000 Menschen gehen einfach vorbei.

Sind wir gute Hörerinnen und Hörer? *„Du sollst es hören und festhalten, dass du es tust, auf dass dir's wohlgehe."* – Es ist einfach, was Gott der Herr von uns will, und es ist zugleich die größte Herausforderung für uns: Gott von ganzem Herzen lieben und unseren Nächsten wie uns selbst.

Einzigartig: In einer eigenen Liga

Manchmal gibt es eine Saison, in der ein Verein wie in einer eigenen Liga spielt: Alles gelingt, schon lange vor dem letzten Spieltag ist absehbar, wer Meister wird. In den letzten Jahren hatte häufig ein bestimmter süddeutscher Bundesliga-Verein einen fast uneinholbaren Vorsprung auf die Verfolger, sehr zum Ärger der Konkurrenten.

Der Herr ist unser Gott, der Herr als einer allein. Er ist einzigartig, unvergleichlich, er allein ist Gott – es gibt keine anderen Götter oder Herren, die noch über uns zu gebieten haben: Gott spielt in einer eigenen Liga. Paulus schreibt: *„Obwohl es solche gibt, die Götter genannt werden, es sei im Himmel oder auf Erden, … so haben wir doch nur einen Gott, den Vater, von dem alle Dinge sind und wir durch ihn und den einen Herrn Jesus Christus"* (1. Kor 8,5f).

Wieso hängt unsere Liebe zu Gott an seiner Einzigartigkeit? Weil nur er so an uns handelt: Nur er befreit und erlöst, nur er holt uns aus dem Tod ins Leben, nur er richtet wieder auf, nur er tritt in Jesus an unsere Stelle, nur er vergibt und schafft neues Leben. So einzig ist der Herr unser Gott, diesem Herrn gehört der Mensch – was sind alle Herren neben diesem Herrn? Wir sind hier an der Quelle: Ohne diesen einzigartigen Gott gäbe es keine Schöpfung, kein Leben, keine Beziehung in Liebe, keine Begegnung und keine Freude. Er ist einzig, weil einzig er die Sache der Sünder zu seiner gemacht hat.

Nun ist aber noch nichts klarer, nur weil von Gott geredet wird. Das Wort „Gott“ ist wehrlos wie alles, was in die Hände der Menschen fällt. Martin Buber warnt: „Das Wort ‚Gottç ist das beladendste aller Menschenworte. Keines ist so arg besudelt, so zerfetzt worden … Die Geschlechter der Menschen mit ihren Religionsparteien haben das Wort zerrissen; sie haben dafür getötet, sind dafür gestorben … Sie zeichnen Fratzen und schreiben ‚Gott‘ darunter … wir müssen die achten, die es verpönen, weil sie sich gegen das Unrecht und den Unfug derer auflehnen, die sich so gerne auf die Ermächtigung durch Gott berufen; aber wir dürfen es nicht preisgeben. Wir können es befleckt und zerfetzt, wie es ist, vom Boden aufheben und aufrichten.“[70]

Von Gott angemessen reden können wir nur in der Sprache der Liebe – wer anders redet, beruft sich zu Unrecht auf die Bibel. Nur in Liebe kann aufstrahlen, wie gut Gott es meint. Der Bund Gottes mit seinem Volk beginnt mit Befreiung: Er holt diese unterdrückten Sklaven heraus aus Ausbeutung und Abhängigkeit – so beginnen die Zehn Gebote. Er führt sie in eine neue Zukunft, in ein verheißenes Land. Gott stellt sich ihnen vor als Beschützer, als Erhalter, er geht mit als Begleiter, als Geber. So einzig handelt er aus *Liebe* – er hat an diesem unbedeutenden Volk Interesse, macht ihre

70 Zit. nach V. Frankl/ P. Lapide, Gottsuche und Sinnfrage, Gütersloh 3. Aufl. 2007, 68

Sache zu seiner eigenen. So einzig ist seine *Wertschätzung* – seine Bundespartner sind ihm wichtig. So einzig wirkt seine *Gerechtigkeit* – er ist ein Liebhaber der Freiheit, ergreift Partei für die Armen und Unterdrückten, lädt die Müden und Beladenen ein. Gott steht an unserer Seite, macht sich unser Elend zu eigen: In *dieser* Liga ist Gott unverwechselbar und einzig. Er spielt in der Liga der Mühseligen und Beladenen, der Schuldigen und Verzweifelten. Er übernimmt Schuld und Sünde, er befreit zu einem neuen Leben. So einzigartig ist nur er.

Brutto: Von ganzem Herzen lieben

Da klingelt am Sonntagmorgen im Pfarrhaus das Telefon. Wird der Bischof beim heutigen Gottesdienst zugegen sein?, fragt jemand. Nein, er war am letzten Sonntag hier. – Oh wie schade. Ich hatte mir vorgenommen zu kommen, wenn er da wäre. – Tut mir leid, dass ich Sie enttäuschen muss, sagt der Pfarrer, aber heute können wir nur auf die Gegenwart Gottes hoffen.

Was für ein Missverständnis! Da begegnet uns Gott auf Augenhöhe – und das wird von Menschen ignoriert oder für selbstverständlich gehalten. Von jedem hohen Würdenträger, von jeder Kanzlerin, von jedem Sieger, von jeder berühmten Wissenschaftlerin sind wir beeindruckt, aber der Schöpfer des Universums soll sich mit dem begnügen, was übrig bleibt an Zeit, Respekt und Zuneigung?

Der Schriftsteller Jean Paul Sartre war kein Christ, er wollte sein Leben aus eigener Kraft entwerfen. In seiner Biografie schreibt er: „Unablässig schaffe ich mich; ich bin der Geber und die Gabe." Durchaus mit Ironie schildert er sich als Kind, um das alle anderen kreisen sollen: „… ich trat strahlend und total in Erscheinung, und jeder Augenblick wiederholte die Zeremonie meiner Geburt: Ich wollte in den Empfindungen meines Herzens ein knisterndes Feuerwerk erblicken. Wieso hätte die Vergangenheit mich bereichern sollen? Sie hatte mich nicht geschaffen. Umgekehrt: Ich selbst stieg aus meiner Asche empor und entriss dem Nichts das Gedächtnis an mich in einem stets neuen Schöpfungsakt."[71] Um ein berühmtes Zitat von Sartre auf ihn anzuwenden: Die Hölle, das sind nicht nur die anderen – das können wir auch selbst sein[72]. Ohne Gott in der Mühle der Selbstinszenierung drehe ich mich nur noch um mich – und zerstöre damit alle meine Beziehungen zu Menschen, Gott und Welt.

Gott holt uns heraus aus der Selbstinszenierung: *„Du sollst den HERRN, deinen Gott, lieb haben von ganzem Herzen, von ganzer Seele und mit all deiner Kraft!"* Von dort wird alles andere gut – deine Beziehung zum Nächsten, zur Welt und auch zu dir selbst. Was für ein Privileg! Gott ist kein Tyrann, der auf blinden Gehorsam pocht, kein Erbsenzähler, der mit uns abrechnet, kein fernes Schicksal, dem wir gleichgültig sind. Gott ist „ein glühender Backofen voll Liebe, der da von der Erde bis an den Himmel reicht", sagt Luther.[73] An diesem Glutkern kann sich unsere ganze Person zur Antwort der Liebe entzünden.

Von ganzem Herzen lieben? Nicht die Pumpe in der Brust ist gemeint, auch nicht nur die Gefühle. Mein „Herz" meint in der Bibel die Mitte meiner Person, wo ich ganz ich selbst bin: *Ein Mensch sieht, was vor Augen ist, Gott sieht das Herz*

71 J. P. Sartre, Die Wörter

72 Sartre in „Geschlossene Gesellschaft": „L'Enfer c'est les autres" (= *Die Hölle, das sind die anderen).*

73 Aus der 7. Invokavitpredigt

an.[74] Gott kennt mich da, wo mich niemand sonst durchschaut. Im Herzen fallen nach dem Ausleger Hans Walter Wolff die Lebensentscheidungen. Mein Herz betrifft meine Emotionen und Gefühle, mein Wünschen, Begehren und Verlangen, umfasst Verstehen und Einsicht, Durchdenken und Abwägen. Mit ganzem Herzen lieben wir brutto, mit allem, was uns ausmacht.

Da ist meine *Seele*, die sich nach Gott sehnt – ich bin geschaffen, um aus Gott zu leben, alles Lieben von ihm zu empfangen: Diese Saite in uns kann nur Gottes Geist anschlagen. Da ist meine *Kraft* – dankbar Gott lieben in aller körperlichen Stärke, die Gott uns anvertraut: Wenn Sie mal Hilfe bei einem Umzug benötigen, werden Sie dankbar sein für alle, denen Gott diese Stärke geschenkt hat, spätestens wenn das Klavier raus muss. Gott dankbar lieben – auch mit seelischer Stärke, die uns aushalten und tragen lässt. Gott preisen mit dem, was uns gelingt: mit einem fertigen Werkstück, mit einem wunderbaren Kindergeburtstag, mit einer sauberen Doktorarbeit. Gott lieben umfasst nach dem Text, den Markus von Jesus überliefert, auch das *Gemüt* – gemeint ist nicht die Gemütlichkeit, sondern unser *Denkvermögen*: Gott dankbar lieben in allem Lernen, Klären, Argumentieren, Lehren, ihn mit Verstand und Logik, mit Wissen und Forschung ehren.

Wer sich das sagen lässt, steht schon unter der Verheißung Gottes: Du wirst lieben. Wenn wir Geliebte Gottes sind, dann ist auch das andere wahr: Dass unser Tun Liebe sein wird. Karl Barth sagt: Die das Gebot hören und sich damit als hörendes Israel, als Geliebte Gottes bewähren, „er-

74 1. Sam 16,7

greifen gleichzeitig ihre eigene Zukunft als Liebende".[75] Ein wunderbarer Gedanke: Im Hören auf das Gebot lassen wir die eigene Lieblosigkeit hinter uns und ergreifen unsere Zukunft! Die Zukunft unseres Lebens ist nicht das „knisternde Feuerwerk in unseren Herzen" zu unserer Ehre. Die Zukunft unseres Lebens ist, den Herrn, unseren Gott, lieb haben von ganzem Herzen, von ganzer Seele und mit all unserer Kraft.

Herausgefordert: Einer wie du

Es gibt eine alte Verwechslung, die bis zu Augustin zurückgeht: Die Verwechslung von Selbst-Annahme und Selbst-Liebe. Jesus stellt der Gottesliebe nicht die Nächstenliebe zur Seite, um dann noch eine dritte Liebe, die zu sich selbst, mit im Paket unterzubringen. Liebe liebt immer einen anderen, sie hat in Gott und im Nächsten ihr Gegenüber.[76] Wenn der Mensch sich selbst liebt, bleibt er mit sich allein. Etwas anderes ist Selbstannahme: Dass wir uns als geliebte Geschöpfe aus Gottes Hand empfangen, wahrnehmen als Schwestern und Brüder Jesu, als geliebte, begabte, gerettete und zur Liebe berufene Kinder Gottes, das ist unser unendlicher Wert – aber berufen sind wir zur Liebe zu Gott und zum Nächsten!

Dies Gebot der Nächstenliebe übersetzt man am besten so: Liebe deinen Nächsten, denn er ist wie du. Er ist Ebenbild Gottes, egal, ob er dir fremd ist, dir nie einen Dienst geleistet hat, es in deinen Augen nicht wert ist. Wir sollen, sagt Johannes Calvin, in den Nächsten „das Ebenbild Gottes achten; das bedeckt und vertilgt ihre Missetaten und reizt

75 K. Barth, Kirchliche Dogmatik I/2, 420.
76 Vgl. Barths ausführliche Begründung in KD I/2, 425–427

uns durch seine Schönheit und Würde, den Menschen zu lieben und ihm mit Freundlichkeit zu begegnen".[77] Was für eine Herausforderung, in den Nächsten Gott zu suchen und zu finden: gerade in den Mühsamen, in den Ausgestoßenen, in den Widerborstigen, in unseren Schuldigern.

Ich bekam vor einiger Zeit diesen Satz zugesandt: „Liebe mich dann, wenn ich es am wenigsten verdient habe, denn dann brauche ich es am meisten." – Was braucht mein Nächster, wenn er nichts zurückgeben kann? Wenn sein Leben aus dem Tritt geraten ist? Wenn er wie ein Tier in der Falle nur noch um sich beißen kann? Wenn ich nichts Liebenswertes an ihm erkennen kann? Einen Nächsten braucht er. Genau so hat Gott mich gesucht und gefunden, hat mich „herausgeliebt" aus meiner Gottesferne, ist in Jesus mein Nächster geworden, hat diese große Berufung über mein Leben gestellt: Du sollst deinen Nächsten lieben, denn er ist wie du.

Zum Jahreswechsel 1989/90 bekam Pastor Uwe Holmer, Leiter der Lobetaler Anstalten bei Berlin, einen Anruf von der Kirchenleitung. Der Anwalt von Margot und Erich Honecker suchte in höchster Not eine Unterkunft für das prominenteste Paar der untergehenden DDR. Keine Wohnung schien mehr sicher vor dem Zorn des Volkes. Wie kommen wir dazu, fragten sich beide Holmers. Drei Stunden lang diskutierten sie, am Ende blieben zwei Fragen. Können wir weiter glaubhaft beten: Vergib uns unsere Schuld, wie auch wir vergeben unseren Schuldigern? Und was ist mit Bodelschwinghs Auftrag, keinen Obdachlosen abzuweisen? „Honecker war jetzt auch obdachlos", sagt Holmer. „Ihn abzuweisen, hätte unseren Glauben und die Bestimmung unseres Werkes verraten."

77 Johannes Calvin, Institutio III, 7,6 (Übers. O. Weber)

Am 30. Januar 1990 kamen die beiden ins Pfarrhaus. „Herr Honecker, wir sind es gewohnt, bei Tisch zu beten", sagte Uwe Holmer. „Ja, bitte, ich kenne das, ich war mal bei Bauern in Pommern, da wurde auch gebetet", hat Honecker geantwortet. Eine völlig absurde Situation: Der ehemalige Staatsratsvorsitzende samt der Volksbildungs-Ministerin wohnen bei Menschen, denen sie das Leben als Christen so schwer wie möglich gemacht hatten. Holmers Vater hatte seine Anstellung wegen kirchlichen Engagements verloren, Holmers Kindern wurde trotz bester Leistungen das Abitur verweigert, später wird er erfahren, acht Spitzel waren allein in der Anstalt auf ihn angesetzt. – Verständnis für ihr Verhalten fanden Holmers bei den wenigsten: auf Schildern forderten Demonstranten „Keine Gnade für Honecker", beschimpften Holmer als „roten Pastor" und drohten, das Pfarrhaus zu stürmen. Holmers gingen immer direkt unter die Menschen, meistens konnten sie mit Gesprächen die Wogen glätten. Darüber hinaus warb Holmer in einem offenen Brief um Verständnis. „Vergebung ist kein leichtes Ding. Das Unrecht ist eine Wirklichkeit", schrieb er. Aber „erschreckend ist es für uns, wie hasserfüllt manche Menschen reagieren. Wir halten das für keine gute Ausgangsbasis für einen Neuanfang in unserem Volk."[78] – Liebe deinen Nächsten, er ist wie du. Gerade dann, wenn er es am wenigsten verdient habe, denn dann braucht er es am meisten.

Alltagstauglich: Erinnerungsanker setzen

Das Judentum hat über Jahrtausende eine Erinnerungskultur ausgebildet: Diese Worte zu Herzen nehmen, sie an die

78 Zitiert nach Presseberichten

nächste Generation weitergeben, darüber reden zu Hause und unterwegs, beim Aufstehen und beim Einschlafen daran denken. Im Tagesablauf an die Liebe zu Gott erinnert werden – daraus sind auch die Tefillim, die Gebetsriemen an den Händen, geworden oder die Kapseln mit diesem Text an den Türen.

Der Franzose Clet Abraham hat in Paris begonnen, Verkehrsschilder ganz sacht zu verfremden. Plötzlich fragt z. B. auf einem Richtungspfeil ein Anker: Wo gehst du vor Anker? Wir brauchen Erinnerungen, die Wichtiges im Alltag verankern: Wie ein Knoten im Taschentuch, wie eine Geburtstagserinnerung im digitalen Kalender.

Seit einigen Jahren bin ich mit suchenden Freunden unterwegs auf einer geistlichen Reise: Wir wollten zusammen Hindernisse auf dem Weg zu Gott wegräumen. Käse und Wein liegen auf dem Tisch, zusammen mit skeptischen Fragen und Zweifeln, aber es wurde eine Entdeckungsreise durch die Bibel. In einer bestimmten Phase haben wir uns zum Abschluss ein „Lebenswort" auf eine kleine Karte geschrieben, einen wichtigen Vers aus der Bibel. Der Vers steckte dann 2–3 Wochen da, wo wir täglich hinsahen, am Bildschirm, in der Börse, am Spiegel neben der Haustür. Wenn wir uns trafen, haben wir ausgetauscht: Was hat der Vers mit dir gemacht?

Die besten Anker sind Gottes Wort und das Gebet: Mit ihrer Hilfe können wir Jesu Bild ähnlicher werden. Geben Sie der Bibel regelmäßig die Chance, zu Ihnen zu reden: Ich verspreche Ihnen, Ihr Leben wird verändert. Und beten Sie täglich: morgens und abends z. B., zum Essen, bei Treffen, vor Entscheidungen – oder einfach zwischendurch, weil Gott sich freut über jede Meldung von uns. Ich bete häufig vor roten Ampeln – allerdings mit offenen Augen.

Eine der stärksten Erinnerungen ist der Zuspruch anderer. Der Hebräerbrief sagt: „Lasst uns aufeinander achthaben und uns anspornen zur Liebe und zu guten Werken."[79] „Du kannst das" ist solch ein starker Ansporn. Oder: „Ich vertraue dir." Oder: „Ich gehe mit." Oder: „Die brauchen dich wirklich." Und wenn all Ihre Ankerketten reißen, wenn nichts mehr hält, dann denken Sie daran: Nicht wir haben ihn erwählt, sondern er uns. Unsere Liebe darf sich an seiner neu entzünden. Sein Anker hält unser Leben.

Dem Pastor einer Gemeinde in Orlando, USA, fiel ein alter, ärmlich wirkender Mann auf, der jeden Mittag um zwölf die Kirche betrat und sie schon nach ganz kurzer Zeit wieder verließ. Eines Tages fragte der Pastor ihn, was er denn in der Kirche tue. Der Alte sagte: „Ich gehe hinein, um zu beten." „Aber du bist nie lange genug in der Kirche, um wirklich beten zu können", erwiderte der Pastor. „Ich kann kein langes Gebet sprechen", erklärte der Alte. „Aber ich komme immer um zwölf und sage: Jesus, hier ist John. Dann warte ich eine Minute, und er hört mich."

Nach einiger Zeit kam der alte John mit einer Verletzung ins Krankenhaus. Bald spürten alle, dass er auf die anderen Patienten im Zimmer einen heilsamen Einfluss hatte. Die Nörgler wurden zufrieden, die Ängstlichen wurden mutiger und die Traurigen fröhlich. Es wurde viel gelacht in Johns Zimmer. „John", sagte die Stationsschwester eines Tages zu ihm, „was ist nur los bei euch?! Du bist immer so fröhlich." „Ich kann nichts dafür", sagte der alte John. „Das kommt durch meinen Besucher." Die Schwester hatte bei John noch nie Besuch gesehen. Er hatte nämlich keine Verwandten und auch keine Freunde. „Dein Besucher?", fragte sie erstaunt,

79 Hb 10,24

„wann kommt er denn?" – „Jeden Mittag um zwölf", antwortete John. „Er kommt herein, steht am Fußende meines Bettes und sagt: John, hier ist Jesus!"

Zum Vertiefen:

- Gott ist einzigartig: Warum ist das nur in der Sprache der Liebe auszusagen?
- Gott von ganzem Herzen lieben: Wie macht man das?
- Wenn mein Nächster ist wie ich …
- Welche Zeichen helfen Ihnen, die Liebe zu Gott und zu den Nächsten im Alltag zu verankern?

15. GLAUBEN TEILEN

BIBLISCHE REISEERFAHRUNG: MARKUS 10,46-52

Viele postmoderne Menschen stellen nicht mehr die Frage nach einem gnädigen Gott – vielleicht empfinden sie es schon als gnädig, wenn sie Gott überhaupt noch zulassen in ihrem Denken und Leben. Sind es andere Menschen heute? Wie geben wir ihnen das Evangelium weiter? Wie wäre Jesus mit ihnen umgegangen? Mission heißt „Sendung" – Jesus ist die Mission Gottes, er ist gesandt in Gottes Auftrag. Wenn irgendetwas uns weiterhilft, dann das: Seinen Umgang mit Menschen ansehen und von ihm lernen. Seinen Auftrag verstehen und fragen, wie er uns daran beteiligt.

Eine wunderbare Begegnung mit Jesus berichtet Markus direkt vor dem Einzug Jesu in Jerusalem: *Und sie kamen nach Jericho. Und als er aus Jericho wegging, er und seine Jünger und eine große Menge, da saß ein blinder Bettler am Wege, Bartimäus, der Sohn des Timäus. Und als er hörte, dass es Jesus von Nazareth war, fing er an, zu schreien und zu sagen: Jesus, du Sohn Davids, erbarme dich meiner! Und viele fuhren ihn an, er solle stillschweigen. Er aber schrie noch viel mehr: Du Sohn Davids, erbarme dich meiner! Und Jesus blieb stehen und sprach: Ruft ihn her! Und sie riefen den Blinden und sprachen zu ihm: Sei getrost, steh auf! Er ruft dich! Da warf er seinen Mantel von sich, sprang auf und kam zu Jesus. Und Jesus antwortete und sprach zu ihm: Was willst du, dass ich für dich tun soll? Der Blinde sprach zu ihm: Rabbuni, dass ich sehend werde. Jesus aber sprach zu ihm: Geh hin, dein Glaube hat dir geholfen. Und sogleich wurde er sehend und folgte ihm nach auf dem Wege* (Mk 10,46-52).

Mission im Vorübergehen – Vom Wert der alltäglichen Begegnung

„Kirche im Vorübergehen" hat der badische Theologe Michael Nüchtern die Erfahrung genannt, dass die meisten Menschen Kirche und Glauben gar nicht mehr in langen Beteiligungen oder festen Kreisen erleben, sondern nebenbei, bei kurzen Begegnungen, einmaligen Kontakten, nicht eingeplanten Gesprächen – quasi im Vorübergehen, auf der Straße, nach dem Gottesdienst, im Hausflur – da, wo man nicht damit rechnet.

In Jericho war die Veranstaltung vorüber. Jesus hatte vielleicht gepredigt, ein Gleichnis erzählt oder ein Streitgespräch gehabt – es ist nicht wichtig, es wird uns gar nicht berichtet. Erzählt wird von der Begegnung nach dem Ende, am Ortsausgang Richtung Jerusalem. Seine Mission ist es, Menschen zu suchen und zu finden, wo immer sie sich aufhalten.

Manchmal habe ich die spannendsten Gespräche in Schwellensituationen geführt, nach einer Veranstaltung oder im Hausflur nach einer Stunde Besuch, beim Aufbrechen an der Tür oder in der Bahn. Einladung zum Reich Gottes, die werbende Bezeugung des Gottes an unserer Seite hat sich in der Geschichte der Christenheit vor allem durch alltägliche Begegnungen ausgebreitet. Auf dem Markt, in der Schule, am Arbeitsplatz, am Gartenzaun, in der Schlange vor der Kasse.

Menschen am Weg – wo Benachteiligte Wert haben

Eine der größten Stärken der Kirche Jesu ist: Sie muss keinen Menschen nach einer Leistung bewerten oder aussortieren. Wenn sie es dennoch tut, umso schlimmer. Aber sie muss es nicht. Sie ist entstanden „auf dem Grund der Apostel und Propheten“ (Eph 2,20), also in der Nachfolge von schwachen und angefochtenen Männern und Frauen, die in keinem Assessment-Center durchgekommen wären. Und das ist gut so: Denn nur so bezeugt die Kirche das vorbehaltlose Interesse Gottes an jedem Menschen.

Der katholische Theologe Paul Zulehner hat immer wieder darauf hingewiesen: Wir werden mehr und mehr zu einer Entsorgungsgesellschaft: Benachteiligte müssen hinaus, sollen außer Sicht- und Hörweite. Jesus hat nie den Kontakt und die Zuwendung zu den Niedrigen, Schwachen, den Unterdrückten und Hilflosen, den Entsorgten und Benachteiligten gescheut. Und ganz tief im Innern kennt selbst der größte Profiteur einer kapitalistischen Raubtiergesellschaft die Angst, dass er selbst einmal hilflos und auf andere angewiesen sein könnte. Die Mission Gottes geht nicht an den Hilflosen vorbei – sie ignoriert allerdings auch die Starken und Reichen genauso wenig. Sie sieht in jedem Menschen eine verlorene Tochter, einen verlorenen Sohn Gottes, die Gott das Kommen seines Sohnes wert sind. Was ich mühsam in langen Gemeindejahren gelernt habe: Selbst die Schwierigen in Gemeinden sind das Salz der Gemeinde.

Der Schrei der Sehnsucht – wahrnehmen, was Menschen bewegt

Manchmal gibt es Werbung, die sehr präzise die Sehnsüchte in der Gesellschaft auf den Punkt bringt. Vor einigen Jahren gab es die Test-the-West-Reklame, wo ein Rocker ein kleines Kreuz in der Hand hält. Darüber haben sich fromme Menschen aufgeregt: Zigarettenreklame mit dem Kreuz – das ginge gar nicht. Ich hatte damit keine Probleme: Hier hat jemand unser Logo in der Hand und wird zum Testen eingeladen – etwas Besseres kann uns doch gar nicht passieren. Manche denken, dass die Kirchen-Kampagnen ruhig mutiger Antworten plakatieren könnten. Die Menschen wollen uns gar nicht so vorsichtig. Der ZEIT-Leitartikler Jan Ross hat den christlichen Kirchen ins Stammbuch geschrieben: „Respekt ist es, was die Kirchen vor allem brauchen und worauf sie ihren Ehrgeiz richten sollten. Auf Gehorsam können sie nicht mehr hoffen, und Liebe werden sie auch mit der beflissensten Nettigkeit nicht von allen gewinnen. Aber Achtung ist möglich. Die pluralistische Gesellschaft sehnt sich geradezu nach erkennbaren Haltungen und Figuren, nach Felsbrocken im Meinungsbrei."[80]

Der Blinde am Weg hat allerdings keine Werbetafel bemalt, er hat nur seine Stimme. Und die ist sein Broterwerb. Er rechnet an dieser Stelle mit Festpilgern, die durch Jericho zum Passafest nach Jerusalem pilgern. Er hört, wer jetzt auf dem Weg erwartet wird. Und er schreit laut, tut also das Einzige, was er wirklich gut kann. Er schreit in einer alten Tradition: Die Ärmsten in Israel wenden sich an den König, wenn sie nicht mehr weiter können. Er schreit, weil er Hilfe und

80 Jan Ross, Mehr Gott wagen, ZEIT 23/2003

Rettung nur von hier erwartet. Er meldet sich mit Worten aus Psalm 9 (Vers 10f.13f).

Zur Mission Jesu gehört, hinter den Schreien die Sehnsucht nach Gott zu entdecken, den Schrei nach Lebenshilfe und Zuwendung – auch wenn dieser Schrei nicht sehr angenehm in den Ohren klingt. In einer kirchlichen Veranstaltung erlebte ich Jugendliche, die laut störten – aber ihr Signal war eigentlich: dies hier ist nicht für uns gedacht. Wir müssen auch in dem Schrillen hören, was eigentlich gemeint ist.

Wer die Abläufe stört – Kirche als Hindernis

Andere allerdings fühlen sich gestört: Viele aus der Menge fahren Bartimäus an, er solle schweigen. Die Menge – wer ist das eigentlich? Eine bunte Mischung aus Jüngern und Mitläufern – Kirche bei Gelegenheit, gemischt aus Menschen, die nachfolgen, und aus solchen, die einfach neugierig sind. Sie haben eines gemeinsam: Sie sind nah dran, sitzen in der ersten Reihe. Und sie fühlen sich gestört durch diesen Schrei: Er soll Ruhe geben, sich angepasst verhalten.

Ein Jugendevangelist wollte vor der eigenen Veranstaltung als Obdachloser in die Kirche kommen und wurde prompt von einem Gemeindeältesten wieder hinausgeworfen. Als er dann dran war, stieg er als Obdachloser auf die Kanzel und erzählte seine Erfahrung. Betretenes Schweigen. Menschen, die stören, werden ruhig gestellt. Das ist eine schmerzvolle Erfahrung für uns, dass viele Menschen die Gemeinde nicht als Hilfe, sondern als Barriere erleben. Wir wollen das nicht – so gut wie jede Gemeinde will neue Menschen erreichen – aber es klappt nicht so, wie wir es wollen.

Menschen kommen in Gottesdienste und verstehen die

Abläufe nicht. Sie hören Verkündigung, aber ihr Alltag kommt nicht drin vor. Sie erleben Musik, aber es ist nicht die Musik ihrer Kultur. Sie wagen sich hinein, werden aber nicht angesprochen. Sie besuchen einen Gemeindekreis, aber die dort haben so viel mit sich zu tun, dass sie Neue gar nicht wahrnehmen können – wenn es nicht sogar Stammplätze gibt, wo sich Neue ganz hinten anstellen müssen. Sie klingeln an meiner Pfarrhaustür, und ich habe keine Zeit, weil ich dringend weg muss. Notfälle, Fragen, Neugier stören fast immer die Planungen – sie kommen nicht angemeldet, sondern im Vorübergehen.

In einer gruppendynamischen Methode gib es die Regel: Störungen haben Vorrang, sind wichtiger als der planmäßige Ablauf eines Treffens. Jesus hat seinen Jüngern an vielen Stellen eine ähnliche Regel vorgelebt: Menschen haben Vorrang, sind wichtiger als das Durchziehen aller unserer Programme und Abläufe.

Manche Probleme in der Kirche entspringen schlicht angestrengter Arbeit, ohne dass sich irgendetwas bewegt. Könnte es sein, dass unsere Gemeindearbeit, unser Zeugnis in Wort und Tat klemmt, weil wir samt unserer Routinen und Gewohnheiten zwischen Menschen und Jesus stehen?

Wenn Jesus stehen bleibt – auf dem Weg des Glaubens

Markus schreibt: Jesus bleibt stehen. Er lässt sich stören, er nimmt den Einzelnen wahr, er nimmt ihn ernst. Hier ist kein Grundrauschen, hier wird keine allgemeine Wahrheit über Blindheit oder Kirche verkündigt. Jesus bleibt stehen.

Das ist ein starkes Signal: Ich nehme dich wahr, ich höre und sehe dich. Dein Interesse ist ernst zu nehmen, du bist Gott jede Störung der Abläufe wichtig. Jeder Austritt aus der

Kirche spricht auch davon, dass hier niemand mehr stehen geblieben ist, dass es schon lange keine Kontakte mehr gab, dass Menschen sich allein gelassen fühlen oder nichts Nützliches mehr von Gemeinde, Glaube, Gott erwarten.

Jesus bleibt stehen – der Weg des Glaubens beginnt da, wo Menschen das unglaubliche Interesse Gottes zum ersten Mal ahnen, sehen, hören, verstehen, fühlen oder schmecken können. Lange vor dem Bekenntnis, vor der Heilung, vor der Nachfolge steht etwas anderes: Gott bleibt in Jesus vor einem Menschen stehen und wendet sich ihm zu. Alle Mission muss dieses Interesse zum Ausdruck bringen, sonst verfehlt sie ihren Auftrag – und verfehlt die Menschen.

Den Ruf Jesu weitergeben – Kirche als Hilfe

Die gleiche Menge, die eben noch abwehrte, hat inzwischen dieses Interesse Jesu aufgenommen und gibt es weiter: Sei getrost, steh auf, er ruft dich. Ein Bild der Gemeinde, die von Jesus lernt, die plötzlich zur Hilfe wird. Am Anfang der Apostelgeschichte nennt Jesus uns seine Zeuginnen und Zeugen: Zeugen berichten, was sie selbst erlebt haben. In 2. Kor 5,20 sagte Paulus, wir bitten an Christi Stelle, sind Jesu Stimme in seinem Auftrag.

Kennen Sie noch das alte Schallplatten-Logo der EMI „His master's voice"? Der Pudel, der vor dem Grammofon denkt, sein Herr spricht zu ihm? Wenn Menschen in und durch uns die Stimme Jesu hören, sind wir eine Kirche, die Menschen hilft. Aber nur dann, wenn wir auch das weitergeben, was wir von Ihm gehört haben: nicht Meinungen oder Ansichten, nicht Ausschließlichkeiten oder uns passende Teilstücke, sondern das, was wir selbst verstanden haben und was uns wichtig ist.

Die Gemeinde Jesu wird Menschen zum Glauben einladen, indem sie Kanal ist: Wenn sie nicht zu sich, ihren Programmen und Kreisen einlädt, sondern zu dem, der Mitte und Grund dieser Programme und Kreise ist. Menschen spüren sehr schnell, ob wir unseren Betrieb aufrechterhalten, unsere Mitgliederzahl stabilisieren wollen, oder ob wir ein Kanal der Liebe Gottes sind. Dann allerdings brauchen wir uns um unsere Zukunft keine Sorgen zu machen. Dass uns alles andere zufallen wird (Mt 6,33), gilt auch für den Bestand der Gemeinde.

Wo Mäntel zurückbleiben – wenn Menschen in Bewegung kommen

Der Blinde warf seinen Mantel von sich, sprang auf und kam zu Jesus. Warum hat Markus dieses Detail berichtet? Erste Möglichkeit: Der Überwurf diente als Sitzunterlage – er war zugleich nach der Tora das Stück Eigentum, das dem Armen nicht gepfändet werden durfte (5.Mo 22,3; 24,13.17), sozusagen das Existenzminimum. Dann lässt er alle Rückversicherung fahren. Zweite Möglichkeit: Der Mantel wird ausgebreitet, um als große Bettelschale zu dienen, war also sein Werkzeug, um das Mitleid der anderen einzusammeln. Nicht nur Blinde haben solche Werkzeuge, solches Verhalten, um Zuwendung, Lob, Mitleid zu holen. Wenn er das hinter sich lässt, verzichtet er auf erprobte Muster und tritt ehrlich vor Jesus. Dritte Möglichkeit: Es ist einfach ein Ausdruck höchster Erregung – 2. Könige 7 berichtet von einer geschlagenen Armee, die auf der Flucht alle Mäntel verliert. In dem Falle wäre der Blinde aufs Höchste erregt. Wir sind als Kirche nicht sehr gut, wenn Menschen erregt sind – wir wollen alles im Griff haben. Jürgen Fliege hat mal karikiert:

Evangelischer Gottesdienst ist wie Mikado; wer sich als Erster bewegt, hat verloren. Was ist, wenn ein Gottesdienst Menschen bewegt? Wenn sie lachen, weinen, fragen? Stört das – oder ist es willkommen?

Ich neige dazu, dass alle drei Deutungen ihr Recht haben. Wenige Gesten sind völlig eindeutig, die meisten sind mehrdeutig. Dieses Verhalten des Blinden sperrt sich gegen endgültige Einordnung. Reaktionen bleiben mehrdeutig, aber sie dürfen bei Jesus vorkommen. Mission rechnet mit Reaktion, auch mit Erregung oder Aufregung. Sie bedeuten: Menschen kommen in Bewegung, verlassen alte Positionen, fragen, suchen und wollen Begegnung.

Jesus und der Einzelne – vom Wert der Person bei Gott

„*Was willst du, das ich für dich tun soll?*" Ist das eine überflüssige Frage? Jesus hat immer wieder so gefragt. Sein Verhalten zeigt eine hohe Wertschätzung der Person: Menschen sind nicht Masse, Karteikarte, Mitglieder, Passanten, Zuschauer. Jede und jeder ist anders, hat eine eigene Biografie, andere Gaben und Verletzungen, andere Interessen und Ziele. Soziologen haben versucht, die Menschen in Milieus unterzubringen: Manches ist ganz hilfreich, um allgemeine Verhaltensmuster zu deuten. Aber spätestens wenn sie einen Einzelnen erklären sollen, versagen diese Muster.

Für Jesu Mission bedeutet das: Das Evangelium fällt nicht als Monolith vom Himmel, es hat eine sehr persönliche Dimension, und das ist eine Stärke des Christentums. Wir haben keinen Schrank voller Argumente und Wahrheiten, aber wir haben ein persönliches Interesse Gottes am Einzelnen zu bezeugen.

Die Frage Jesu bringt noch einen Überschuss für Bartimäus: Jesus besteht auf seiner Mündigkeit und spricht ihm damit seine volle Menschenwürde zu. Er darf nicht zum Objekt werden, er wird ernst genommen. Ihm wird nichts übergestülpt – er kennt seine Leiden am besten und kann für sich selbst reden.

Jesus, die Suche Gottes nach seinen verlorenen Menschen, zeigt in allen Begegnungen eine tiefe Menschlichkeit, zeigt Barmherzigkeit mit Respekt, Liebe mit Wertschätzung. Deshalb glaube ich, dass es Menschen guttut, der Liebe Gottes in Jesu zu begegnen. Weil ihnen in diesen Begegnungen immer ihr Wert zugesprochen wird.

Wie Glaube wächst – wenn Einladungen beantwortet werden

Es ist auffallend, wie den drei Einladungen – *Sei getrost! Steh auf! Er ruft dich*! – ganz exakt drei Antworten des Bartimäus entsprechen: Dem „Wage es, sei stark" das Abwerfen des Mantels, dem „Steh auf" das Aufspringen und dem „er ruft dich" das Zu-Jesus-Kommen. Offensichtlich rechnet die Mission Jesu nicht nur mit Erregung und Bewegung, sondern Jesus gibt Menschen sehr präzise Möglichkeiten der Lebensantwort.

Es tut Menschen gut, eingeladen zu werden. Diese Art der Hilfe ist wie die Arbeit der Fluglotsen: Jeder Pilot muss selbst fliegen, er ist für sein Flugzeug voll verantwortlich, aber er braucht die Einweisungen der Fluglotsen, um sicher zu landen.

Wir sind manchmal sehr überrascht, wenn Einladungen ernst genommen werden. Anfang der 90er-Jahre planten wir in der Gemeinde den ersten Glaubenskurs für Erwachsene – er endete mit einem Gottesdienst mit dem Angebot persönlicher Segnung. Wir waren völlig unsicher, ob das überhaupt erwünscht war. Wir waren uns einig: Kein Zwang, kein Gruppendruck! Aber was ist, wenn das keiner will? Es waren die bekannten Probleme mit Nähe und Berührung. Schließlich entschieden wir, uns einfach an den Vorschlag zu halten und hinterher auszuwerten. Heute ist das in vielen Gemeinden selbstverständlicher, aber damals hat es mich tief berührt, wie Menschen mit leuchtenden Augen, manche mit Tränen in den Augen zu diesem Segnungsangebot kamen. Unsere Vorbehalte waren völlig unbegründet.

Einige haben nach solchen Erfahrungen gesagt: Ich habe so etwas noch nie erlebt, ich habe ja gar nicht gesehen, wie sehr mich Gott liebt. Geöffnete Augen gab es nicht nur vor 2.000 Jahren in Jericho, Augenöffner sind auch heute ein Signal des Glaubens. Das wohl berühmteste Zitat von Saint-Exupery ist der Lehr-Satz des Fuchses für den kleinen Prinzen: „Man sieht nur mit dem Herzen gut – das Wesentliche ist für die Augen unsichtbar" – ein Gedanke des Paulus aus Epheser 1,18, den Saint-Exupery anklingen lässt.

Bei Jesus bleiben – von der Verlockung zur Nachfolge

Eines der schönsten Ergebnisse einer einladenden und gelingenden Mission ist: Menschen werden in der Gemeinde heimisch und gebrauchen ihre Gaben. Sie entdecken: Gott ist kein Solist, der ab und zu ein paar Hilfsarbeiter anheuert, sondern er will Menschen durch Menschen erreichen.

Ein schwäbischer Weingärtner hatte ein mit Unkraut überwuchertes Stück Land in mühsamer Arbeit in einen Weinberg verwandelt. Als der Pfarrer vorbeikommt, sagt dieser zu ihm: Es ist doch wunderbar, was aus diesem Grundstück dank ihrer und Gottes Hilfe geworden ist. Darauf der Weingärtner: Herr Pfarrer, Sie hätten das Grundstück mal sehen sollen, als es unser Herrgott noch alleine bewirtschaftet hat.

Nachfolge Jesu heißt, von Gott gebraucht werden. Markus berichtet, dass dieser nun Sehende mitzieht, nach Jerusalem. Für Jesus ist das der Weg in seine Stadt, der Weg zum Kreuz. Die nächsten Verse schildern Jesu Einzug in Jerusalem. Vielleicht ein leises Signal, dass Nachfolge und Jüngerschaft nie am Kreuz vorbeiführen. Die Mission Jesu ist ein Weg, der Menschen weiterführt, sie das Reich Gottes kennenlernen lässt, ihre Gaben und ihre Persönlichkeit formt, sie zu Salz und Licht ihrer Umgebung macht.

Zum Vertiefen

- Gehen Sie die Mission Jesu anhand der Zwischenüberschriften durch: Wie würde Jesus Sie erreichen?
- Was willst du, das ich für dich tun soll? Was antworten Sie Jesus?
- Nehmen Sie Schreie von Menschen am Weg wahr? Was können wir von Jesus lernen?
- Menschen erleben Gemeinde als Barriere – kennen wir Beispiele? Verhindern wir mehr, als dass wir Zugänge zu Gott frei machen? Was hat in unserer Gemeinde wirklich Vorrang – Menschen oder Programme, Zuwendung oder Abläufe?
- Wie geben Sie das Evangelium weiter, mit Ihren Gaben, in Ihrem Kontext, mit Ihren Worten und durch Ihr Leben? Wenn Ihnen das schwerfällt: Warum?

16. GESELLSCHAFT GESTALTEN

BIBLISCHE REISEERFAHRUNG: JEREMIA 29,1-7

Irgendwann vor etwa 12.000 bis 10.000 Jahren beschlossen einige umherziehende Jägerhorden, sich in Jericho gemeinsam anzusiedeln; sie hatten Gründe dafür, die ihnen selbst vielleicht nicht klar waren. Jericho im Jordantal ist möglicherweise die älteste Stadt der Welt. Mit der ersten Siedlung, den ersten Städten entstand etwas Unglaubliches: die Zivilisation, die Kultur. In der Bibel spiegelt sich dieses Wissen schon auf den ersten Seiten: Kain baut eine Stadt, die er nach seinem Sohn Henoch benennt.

Für uns ist das nach Tausenden von Jahren Zivilisation völlig normal: Menschen leben zusammen, von der kleinsten Siedlung bis zur Millionenmetropole. Heute ist eher derjenige eine Meldung in der Zeitung wert, der als Einsiedler im tiefen Wald leben will. Ort, Stadt, Siedlung, Nachbarschaft, Mietshaus stehen für gemeinsames Leben. Wir sind aufeinander angewiesen. Wenn ich zusammenzähle, wie viele Menschen daran beteiligt sind, dass ich in meiner Stadt leben kann – in Stadtverwaltung, Handel, Dienstleistungen, Freizeitangeboten, Beruf, Infrastruktur – ich vermute, die Zahl würde mich enorm überraschen. Es müssen Hunderte sein, die irgendwie am Gelingen meines Lebens beteiligt sind.

Wo Menschen zusammenleben, gibt es Kultur, Unterstützung, Mehrwert – und es gibt Reibung. Ganze Gerichte in

Deutschland sind beschäftigt mit diesen Reibungen: Verkehrsverstöße, Nachbarschaftskonflikte, Arbeitsprozesse – Menschen produzieren Konflikte, wenn sie aufeinandertreffen. Vor Kurzem las ich: Mit Kochtopfdeckeln haben sich zwei Mädchen in Münster eine Küchenschlacht mit ihrer Mutter geliefert. Die 14- und 16-Jährigen waren erheblich später zu Hause eingetrudelt als vereinbart. „Da brachen Emotionen auf", wie es die Polizei später schilderte. Das Geschrei in der Küche schaukelte sich hoch. Mit den Deckeln gingen die drei schließlich aufeinander los. Verletzt wurde aber niemand. Als die Polizei eintraf, versprachen alle drei, von nun an Frieden zu halten. Trotzdem wurde eine Anzeige gegen die Streithennen geschrieben."

Der kleine Rumpfstaat Juda hat in den letzten Jahrzehnten seiner Existenz viel mitmachen müssen. Die Großmacht Babylon hat bei der ersten Eroberung um 597 v. Chr. große Teile der Elite nach Babylon deportiert – dort saßen sie inmitten einer fremden Umgebung und hatten Heimweh. „An den Wassern von Babylon saßen wir und weinten", schildert Psalm 137 diese Erfahrung: Der Verlust von Heimat – mit der Erfahrung, Objekte eines gewalttätigen Staates zu sein.

Zwischen den Deportierten und den Zurückgebliebenen ging Post hin und her. Sobald jemand die weite Reise antrat, wurden ihm Botschaften mitgegeben. So kam auch ein Brief des Propheten Jeremia aus Rest-Juda zu den Deportierten in der fernen Hauptstadt Babylon. Was er zu ihrer Lage schreibt, muss alle überraschen:

Das ist der Wortlaut des Briefes, den der Prophet Jeremia aus Jerusalem an den Rest der Ältesten der Gemeinde der Verbannten sandte, an die Priester, Propheten und das ganze Volk, das Nebukadnezar von Jerusalem nach Babel verschleppt hatte: *So spricht der Herr der Heerscharen, der Gott Israels, zur ganzen Gemeinde der Verbannten, die ich von Jerusalem nach Babel weggeführt habe: Baut Häuser und wohnt darin, pflanzt Gärten und esst ihre Früchte! Nehmt euch Frauen und zeugt Kinder, nehmt für eure Söhne Frauen und gebt eure Töchter Männern, damit sie Söhne und Töchter gebären. Ihr sollt euch dort vermehren und nicht abnehmen. Suchet der Stadt Bestes, in die ich euch weggeführt habe, und betet für sie zum Herrn; denn in ihrem Wohl liegt euer Wohl* (aus Jer 29,1-7). Wie kann man reagieren, wenn man in etwas hineingerät, was man für sich selbst weder ausgesucht noch angenommen hat? Stille *Resignation* ist eine Möglichkeit: Achselzucken und Verlust der Lebensenergie. Oder Rückzug in die *Verweigerung*: irgendwo kleine Inseln bauen, wo mich niemand stören kann. *Untergrundkampf*: kein direkter Widerstand, aber kleine Sabotagen. Oder *Sündenböcke* benennen: jemand finden, der dran schuld ist, um sich so abzureagieren.

All diese Alternativen nennt Jeremia nicht. Sein Wort ist radikal: Gott will die Annahme eurer Situation, um sie zu segnen. Bleibt dort, gründet Familien, baut Häuser, sucht euch Arbeit – Gott will euch in einer Situation segnen, die ihr euch selbst nicht ausgesucht habt. Und er öffnet euch Gelegenheiten, sie zu gestalten.

Das Beste der Gesellschaft

Der entscheidende Unterschied zu allen Arten der Verweigerung ist dieser Blick der Verantwortung, er ist im Kern ein Blick der Liebe: Was tut anderen gut? Was fördert sie? Was beeinflusst das Klima in den Bereichen, die mir zugänglich sind? In Phil 4,8 hat Paulus vielleicht die weiteste Regel dafür formuliert: *Was wahrhaftig ist, was ehrbar, was gerecht, was rein, was liebenswert, was einen guten Ruf hat, sei es eine Tugend, sei es ein Lob – darauf seid bedacht.*

Das ist ein weiter Horizont: Wir können Zivilcourage zeigen, wo Menschen gemobbt werden. Ökologisch verantwortlich handeln ist möglich – im eigenen Verhalten, aber auch beim Abfallaufheben. Wir können wirtschaftlichen Widerstand als Kunden zeigen: Muss ich Billig-Flüge nutzen, wenn meine Enkel die Klima-Folgen ausbaden werden? In all dem wird eine Art Suchbewegung erkennbar: Was dient zum Guten?

Dieses Suchen ist eine sanfte Kraft, die Kraft der Schwachen. Christen sind Salz der Erde als Schwache – sie fallen nicht auf. Sie stehen selten in den Schlagzeilen, aber was die babylonischen Gefangenen zu geben haben, brauchen die Staaten und Gesellschaften aller Zeiten dringend. Als der Christ Henry Dunant entsetzt über ein Schlachtfeld ging, wurde das zum Startgedanken des Roten Kreuzes.

Christen müssen ihr Fähnlein nicht nach dem Wind hängen, weil Gottes Wind sie leitet (Römer 8). Damit sind sie nicht vom Zeitgeist abhängig. Christen müssen ihr Tun nicht von ihrem Vorteil abhängig machen, weil sie in Jesus unglaublich reich sind (2. Kor 8,9). Damit sind sie nicht zu bestechen – unbestechliche Verantwortliche sind eine Wohltat für jeden Staat, denn Korruption hemmt jede Entwicklung. Christen haben eine unzerstörbare Hoffnung, weil ihr Anker bei Gott ist (Hb 6,19). Damit können sie nicht in die Depression einer Welt am Abgrund verfallen.

Manchmal ist das unbequem: Ein Freund wurde mit anderen Jugendlichen der Jungen Gemeinde in Mecklenburg von Volkspolizisten eingesperrt wegen des Aufnähers „Schwerter zu Pflugscharen“. Irgendwie wurde der Bischof informiert. Kurz danach kam der mutige Mecklenburger Bischof Heinrich Rathke mit dem Fahrrad zur Volkspolizei und sagte: Ich bleib jetzt hier, bis die jungen Leute wieder draußen sind. – Völlig entsetzte Vopos riefen bei ihren Vorgesetzten an: Wir haben hier einen Bischof, der nicht weggehen will – was sollen wir machen!? – Die Jugendlichen kamen übrigens nach kurzer Zeit frei.

Ein anderer Fall der Unbequemheit: Wir akzeptieren Mehrheitsentscheidungen, aber wir mischen uns ein. Christen wehren sich z.B. gegen Sieben-Tage-Einkauf von 0 bis 24 Uhr – gerade weil wir das Beste der Gesellschaft suchen. Wir machen uns damit nicht nur Freunde. Der Wind wird rauer: Viele sagen, wo kommen wir denn da hin, wenn die Kirchen und Gemeinden sich in so etwas einmischen? Oder denken Sie an die Äußerungen von Margot Käßmann zum Krieg in Afghanistan: Diese Stimme war unbequem – und gerade deshalb nötig. Denn unsere Gesellschaft braucht auch unseren Widerstand: Wir müssen sie erinnern, denn der freiheitliche, säkularisierte Staat lebt – nach einem berühmten Wort des Verfassungsrichters Ernst-Wolfgang Böckenförde – von Voraussetzungen, die er selbst nicht garantieren kann. Das Beste der Stadt sucht nicht, wer alles hinnimmt, sondern wer sich in die Grundlagen einer funktionierenden Gesellschaft investiert.

Was wir zu geben haben

Ich war 2010 in Volkenroda, einer Gegend in Thüringen, die eigentlich seit Langem aufgegeben war. Keine Hoffnung, keine Investition. Eine Frau verliert infolge der Wende ihre Arbeit, erinnert sich an den Glauben ihrer Jugend und beginnt in den Trümmern der uralten Klosterkirche zu beten. 20 Jahr später sind die Gebäude restauriert, strahlt der Christus-Pavillon der Expo dort auf ganz Deutschland aus, finden Tagungen statt, wird jeden Tag gebetet, ist die alte Kirche wieder Gottesdienststätte. Was passiert an Orten, wo Menschen beten?

Manchmal denke ich, der stärkste Teil in unseren Gottesdiensten sind nicht eindrucksvolle Predigten oder wunderbare Musik, sind nicht die gelingenden Kontakte oder das Wunder der Vergebung am Tisch des Herrn. Der stärkste Teil ist vielleicht die unscheinbare Fürbitte. Paulus schreibt in 1. Tim 2,1: *Das Erste und Wichtigste, wozu ich die Gemeinde aufrufe, ist das Gebet, und zwar für alle Menschen. Bringt Bitten und Fürbitten und Dank für sie vor Gott. Betet für die Regierenden und für alle, die Macht haben.*

Ich gestehe, ich bete selten für die verschiedenen politisch Verantwortlichen in Stadt oder Land. Meist schimpfe ich eher auf sie. Aber sie haben einen Anspruch darauf, dass ich für sie eintrete und sie bei Gott in Erinnerung rufe. Viele kritisieren, beeinflussen, bedrängen Entscheidungsträger, aber wer betet für sie? Jeremia hat nicht nur die Politiker im Blick, sondern die gesamte Gesellschaft um uns herum: Betet für sie zum Herrn. Das Gebet betrifft auch Wirtschaft und Gewerkschaften, Wissenschaft und Medien, Kultur und Schule. Wer tritt vor Gott für die ein, die in unserer Gesellschaft Entscheidungen treffen? Diese Fürbitte ist unersetzlich, denn sie wird nur von denen wahrgenommen, die mit Gottes Wirklichkeit rechnen.

Übrigens: Politiker sind angewiesen auf das Gebet – auch wenn sie nicht glauben. Denn ich kann Menschen durch das Gebet unter den Segen Gottes stellen, sogar Gegner oder politische Feinde. Jesus sagt: *Liebt eure Feinde, bitte für die, die euch verfolgen, segnet, die euch fluchen, tu wohl denen, die euch hassen …* (Mt 5, Lk 6). „Wir waren auf alles vorbereitet, nur nicht auf Kerzen und Gebete“, so lässt Erich Loest in dem

Film „Nicolaikirche" einen Stasioffizier in Leipzig angesichts der Demos vor dem Mauerfall sagen.

Wenn es unserer Umgebung gut geht

Kennen Sie die Broken-Window-Theorie? Wenn auf einem abgestellten Auto erst mal Dreck liegt und die erste Scheibe eingeschlagen ist, geht es in kürzester Zeit bergab: Vandalismus bricht aus. Vielleicht gibt es auch eine Art Repaired-Window-Theorie: Wo Menschen sich aus Glauben in ihre Umgebung investieren, geht es der Gesellschaft besser. Vor einiger Zeit machte ich einen Spaziergang am Rande eines Wuppertaler Stadtteils; auf dem Waldweg entdeckte ich Menschen, die strichen die Bänke; alles Freiwillige – vermutlich haben sie sogar die Farbe selbst bezahlt. Mich hat das gefreut: Sie tun etwas Gutes, ohne dazu verpflichtet zu sein oder auf den Staat zu warten. Ich weiß nicht, ob es Christen waren, aber ich wünsche mir in jedem Fall, dass die Christen beteiligt sind.

Macht es einen Unterschied, ob Christen in einer Gesellschaft sind? Wenn z. B. Gemeinden an der Seite der Opfer stehen – was haben wir davon? Es gibt einen geheimnisvollen Zusammenhang zwischen dem Gesellschaftsganzen und uns als Einzelnen. Es macht einen Unterschied, ob Menschen sich verantwortlich fühlen oder nicht. Egal, ob das die diakonische Arbeit im Kirchencafé ist oder die Hausaufgabenbetreuung, ob das die Asylarbeit ist oder die Information vor den Landtagswahlen im Gemeindebrief. Es macht einen Unterschied.

Menschen spüren, aus welchen Motiven wir etwas tun. Als wir in unserer Gemeinde ein Stadtteilcafé starteten, witterten die Geschäftsleute im Stadtteil zunächst Konkurrenz. Nach wenigen Monaten war es anders: Sie sandten die verwirrten

Menschen dorthin. Wenn es eurer Stadt, eurer Gesellschaft gut geht, geht es auch euch gut. In Volkenroda entstehen nun Arbeitsplätze in einer Gegend, wo es gar nichts mehr gab. Es macht einen Unterschied, dass dort Christen hingegangen sind, wo für ihr Kommen gebetet wurde. Und sie verändern die Umgebung.

Die Frau, die in den Trümmern betete, hat übrigens weiterhin die Gegend im Blick. Sie sprach mich an mit der Überlegung, wie man die Menschen erreichen kann, die monatlich den Bauernmarkt besuchen. 1.500 Menschen kommen in die große Klosteranlage, um dort Landprodukte zu kaufen – und jedem wird ein Bibelspruch geschenkt. Ich denke: das wäre ja schon viel, wenn das an anderen Orten auch so wäre. Aber sie denkt weiter: Was kommt danach? Und ich nehme diese Frage mit, obwohl ich noch keine Antwort habe. Sie weiß, dass die Änderungen von geistlicher Atmosphäre und gesellschaftlicher Atmosphäre miteinander verknüpft sind. Ich kann und will nicht unterscheiden zwischen Gebet und Dienst, zwischen Mission und Solidarität. Alles kommt aus dem Blick der Liebe, die mich in Jesus erfasst hat: Weil mich Gottes Gnade trägt, kann ich mich in meine Nächsten investieren.

Da ist ein älterer Mann in Frankreich, der Schäfer Elzéard Bouffier. Seine Frau ist gestorben, dann auch noch sein einziger Sohn. Wofür soll er jetzt noch leben? Er lässt seinen Bauernhof in einer fruchtbaren Ebene zurück. Nur 50 Schafe nimmt er mit. Er zieht in eine trostlose Gegend, in die Cevennen, fast eine Wüstenlandschaft. Dort kann er vielleicht vergessen. Weit verstreut liegen fünf Dörfer mit zerfallenen Häusern. Die Menschen streiten sich; viele ziehen fort. Er erkennt: diese Landschaft wird ganz absterben, wenn hier keine Bäume wachsen!

Er besorgt sich Säcke mit Eicheln. Die kleinen sortiert

er aus. Die guten kräftigen Eicheln legt er in einen Eimer mit Wasser, damit sie sich richtig vollsaugen. Dann zieht er los. Hier und dort stößt er seinen Stab in die Erde, legt eine Eichel hinein. – Nach drei Jahren hat er auf diese Weise 100.000 Eicheln gesetzt. Er hofft, dass 10.000 treiben. Und er hofft, dass Gott ihm noch ein paar Jahre schenkt, so weitermachen zu können. Als er im Jahre 1947 im Alter von 89 Jahren stirbt, hat er einen der schönsten Wälder Frankreichs geschaffen. Da gibt es je einen Eichenwald von 11 km Länge und 3 km Breite an drei verschiedenen Stellen! Und sonst? Die Wurzeln halten jetzt den Regen fest. In den Bächen fließt wieder Wasser. Es können wieder Weiden, Wiesen, Blumen wachsen. Die Vögel kommen zurück. Selbst in den Dörfern verändert sich alles: Die Häuser werden wieder aufgebaut, angestrichen. Alle haben wieder Lust am Leben, freuen sich, feiern Feste. Keiner weiß, wem sie das zu verdanken haben, wer die Luft, die ganze Atmosphäre geändert hat.[81]

Suchet der Stadt Bestes, dahin ich euch habe wegführen lassen und betet für sie zum Herrn; wenn's ihr wohl geht, so geht's auch euch wohl.

Zum Vertiefen

- Was kann das Beste der Stadt, der Gesellschaft sein, das in Ihren Möglichkeiten liegt?
- Beten Sie für unser Land? Könnten Sie eine konkrete Gebetspartnerschaft für bestimmte Verantwortliche übernehmen?
- Was wären Ihre Eicheln, die Sie gerne in dürren Bereichen säen würden?

81 Nach Jean Giono, Der Mann mit den Bäumen

17. REIF WERDEN

BIBLISCHE REISEERFAHRUNG: JOHANNES 12,21-26

Ein Mann und seine Frau wurden von Freunden zu einem Pferderennen mitgenommen. Sie waren fasziniert von dem Anblick der auf einer Bahn um die Wette rasenden Pferde; den ganzen Abend wetteten sie, bis sie nur noch zwei Dollar besaßen. Am nächsten Tag beschwor der Mann seine Frau, ihn allein zum Rennen gehen zu lassen. Ein Pferd war am Start mit einer Quote von 50:1 im ersten Rennen. Er setzte auf dieses Pferd, und es gewann. Nun setzte er alles gewonnene Geld in einem kühnen Versuch im nächsten Rennen wieder ein, und wieder gewann er. Und so ging es weiter den ganzen Abend, und zuletzt hatte er 57.000 Dollar gewonnen. Auf dem Heimweg kam er an einem Spielsalon vorbei. Eine innere Stimme, die gleiche, die ihn bei der Wahl der Pferde geleitet zu haben schien, sagte: „Stopp! Geh hinein!“ Also blieb er stehen, ging hinein und stand vor einem Roulette-Spiel. Die Stimme sagte: „Nummer dreizehn.“ Der Mann setzte seine 57.000 Dollar auf Nummer dreizehn. Das Rad drehte sich, der Croupier sagte: „Nummer vierzehn.“ So ging der Mann mit leeren Taschen nach Hause. Seine Frau rief ihm zu: „Wie war's?“ Der Mann zuckte die Schultern. „Ich habe die zwei Dollar verloren“, sagte er.

So ist das Leben auch bei großem Einsatz – vielleicht haben wir zwischendurch Glück, aber was ich festhalten will, zerrinnt mir zwischen den Fingern. Was bleibt am Ende? Selbst wenn ich reich werde, ins Grab kann ich nichts davon mitnehmen. Das Reich Gottes hat einen anderen Grundsatz: Unscheinbarer Einsatz, verborgene Wirkung, unglaubliches Ergebnis. Durch Kleines zum Großen, durch Vergehen zum Wachsen, durch Sterben zum Leben. Gott kommt nicht als Imperator mit zehn Legionen Engeln, sondern als kleines schwaches Kind und gibt sich in die Hände der Menschen. Der Messias Israels betritt seine Stadt nicht wie ein Eroberer, sondern er reitet auf einem Esel: Ein deutliches Signal für seinen Verzicht auf Macht. Dieses Signal begleitet die Bibel immer wieder mit drei kurzen Worten. „Fürchtet euch nicht!" Gott begegnet euch nicht zum Fürchten, sondern zum Freuen. Durch Kleines zum Großen – dieses Motto steht auch zu Beginn der Passion, der Leidensgeschichte Jesu. Und Jesus überträgt es auf alle, die ihm nachfolgen wollen:

Auch einige Griechen waren anwesend unter den Pilgern, die beim Fest Gott anbeten wollten. Sie kamen zu Philippus, der aus Betsaida in Galiläa stammte, und sagten zu ihm: Herr, wir möchten Jesus sehen. Philippus ging und sagte es Andreas; Andreas und Philippus gingen und sagten es Jesus. Jesus aber antwortete ihnen: Die Stunde ist gekommen, dass der Menschensohn verherrlicht wird. Amen, amen, ich sage euch: Wenn das Weizenkorn nicht in die Erde fällt und stirbt, bleibt es allein; wenn es aber stirbt, bringt es reiche Frucht. Wer an seinem Leben hängt, verliert es; wer aber sein Leben in dieser Welt loslässt, wird es bewahren zum ewigen Leben. Wenn einer mir dienen will, folge er mir nach; und wo ich bin, dort wird auch mein Diener sein. Wer mir dient, den wird der Vater ehren (Joh 12,21-26).

Frucht bringen

1939 bekam Dietrich Bonhoeffer eine ehrenvolle Einladung auf eine Professoren-Stelle in den USA. Doch in New York überfielen ihn quälende Zweifel, ob er sein Land und seine Kirche in der sich abzeichnenden Verfolgung allein lassen könnte. Nach längerem Kampf und Gebet kehrte er am Vorabend des 2. Weltkrieges zurück. Das hat über sein Leben entschieden. Er starb am Ende im KZ. Er hat sich, ohne es zu ahnen, für das Schicksal des Weizenkorns entschieden. Nicht für sich und allein zu bleiben, sondern in die Erde zu fallen, zu vergehen und damit Frucht zu tragen.

Unser In-die-Erde-Fallen ist ein kleiner Reflex, ein Widerschein des Weges Jesu. Ab den ersten Seiten der Bibel steht der Mensch immer vor der Frage: Lebst du für dich, bleibst du allein – oder lebst du für Gott und deine Nächsten, willst du Frucht bringen? Das Problem ist nicht, ob jemand auch mal an sich denkt. Das Problem ist die Grundrichtung meiner Existenz. Führt sie mich immer nur zu mir, zu meinem Vorteil und meinen Chancen? Bleibe ich eigentlich immer nur bei mir? Oder führt meine Lebensrichtung nach außen, zu Gott und zu den anderen?

Jesus ist genau da zu Beginn seines öffentlichen Auftretens von Satan getestet worden (Mt 4,1-11). „Sorg du unbedingt für deine Bedürfnisse, dann kommst du klar", so kann man die drei Fragen des Versuchers zusammenfassen. Jesus hat als Einziger diesen Test bestanden: Alles von Gott zu erwarten und alles für seine Nächsten zu geben. „Meine Speise ist es, den Willen Gottes zu tun", sagt er. Oder: „Den Elenden die gute Nachricht von Gottes Menschenfreundlichkeit zu bringen" – das ist sein Leben. Deshalb sagt er seinen Jüngern noch einmal zu Beginn seines Leidensweges, warum sein Leben ihn dorthin führt. „Wenn das Weizenkorn nicht in die Erde fällt …"

Einer der reichsten Männer der Welt war der Filmproduzent und Flugzeugbauer Howard Hughes, der 1976 starb. So reich er war, so sonderlich wurde er mit der Zeit. Die letzten Jahre seines Lebens lebte er völlig verborgen, voll panischer Angst vor Bakterien, ließ niemand sein Angesicht sehen und verkehrte nur noch mit ganz wenigen Vertrauten. Es gab schon lange vor seinem Tod Spekulationen, er sei längst tot: ein Mensch, der allmählich abhandenkommt, schon bei Lebzeiten verschwindet. Ein Mensch löst sich auf, wird ein Nichts – trotz allem Reichtum. Jesus erschien seinen Gegnern als ein Nichts: keine Schönheit, kein Einfluss, sagt Jes 53, nichts, was am Ende noch irgendjemand beeindruckt hätte. Aber er lässt sich als Samenkorn in den Boden der Welt legen, um durch Sterben Frucht zu tragen. Diese Entscheidung heißt im Evangelium des Johannes „Verherrlichung": *Die Zeit ist gekommen, dass der Menschensohn verherrlicht wird* (V. 23). Man kann fragen, was ist daran herrlich? Das ist doch kein glanzvoller Weg, sondern ein Weg der Schande. Aber *herrlich* ist der Weg des *Herrn* – der seine Macht damit beweist, dass er auf sie verzichtet. Verherrlicht wird Jesus am Kreuz, weil er Gottes Willen konsequent durchhält. Und damit ruft er uns auf den Weg der Nachfolge, damit wir nicht allein, für uns bleiben, sondern Frucht bringen.

Der Weg der Umgestaltung

Sören Kierkegaard hat ein Christentum ohne Konsequenzen beschrieben: Christen sind wie Gänse auf einem Hof. An jedem siebten Tag wird eine Parade abgehalten, ein beredsamer Gänserich schnattert auf dem Gatter vom Wunder der

Gänse. Er lobt den Mut der Vorfahren, die zu fliegen wagten, lobt den Schöpfer, der ihnen Flügel und Fluginstinkt gab. Alle Gänse sind tief gerührt, senken die Köpfe und loben die gute Predigt. Aber das ist alles. Eines tun sie nicht – fliegen. Sie gehen zum Mittagsmahl. Denn – so schließt Kierkegaard – das Korn ist gut und der Hof ist sicher.

Egal, wo Sie im Augenblick stehen: Ich muss Sie warnen. Der Kontakt mit Christus wird Sie verändern – oder Sie müssen diesen Kontakt entschärfen. Eine Alternative gibt es nicht. Entweder verändert Christus uns – oder wir verändern, entschärfen ihn und seine Botschaft. Ich treffe mich seit einigen Jahren in einer Kleingruppe mit suchenden und distanzierten Männern zwischen 30 und 60 Jahren. Ich warne sie: Ihr werdet mehr Bibel lesen als in den letzten 30 Jahren zusammen. Ich sage ihnen: Der Kontakt mit Christus ist gefährlich, er kann euch verändern. – Und er hat es getan.

Möchten Sie lieber in Ruhe gelassen werden? Denken Sie an ein eingeschlafenes Bein. Das tut weh, wenn ich es bewege. Natürlich kann ich es wieder zurück in die Stellung des Schlafens bringen, damit es nicht mehr kribbelt. So lange, bis es abgestorben ist. Da freuen Sie sich doch lieber über das Kribbeln, denn es ist ein Zeichen, dass das Leben zurückkehrt. Eine Gemeindeälteste sagte mir einmal: Man wird im Leben mit Jesus empfindlich gegen die Sünde. Man kann bestimmte Sachen einfach nicht mehr machen. Und wenn es Ihnen genauso geht: Wundern Sie sich nicht. Natürlich fängt das Gewissen an, sich zu melden, wenn es durch Gottes Wort aus dem Tiefschlaf geweckt wird. Seien Sie viel erschrockener, wenn sich Ihr Gewissen nicht meldet. Es könnte ein Signal des Tiefschlafes sein.

Freuen Sie sich, wenn Sie plötzlich bei Ihrer Steuererklärung nicht mehr fünf gerade machen, sondern auch dem Finanzamt gegenüber ehrlich sein wollen: Das Leben kehrt in Ihr Gewissen zurück! Freuen Sie sich, wenn Sie nicht in den Chor des Ausländerhasses einstimmen können: Christus öffnet Ihr Leben. Freuen Sie sich, wenn Ihnen nicht mehr egal ist, ob Ihre Freunde oder Familie zum Glauben finden oder nicht: Das ist ein Signal von Interesse an deren Zukunft! Freuen Sie sich, wenn der Zustand Ihrer Gemeinde Sie kribbeln lässt, wenn Sie über Änderung nachdenken: Christus will Ihnen Ihren Platz in der Gemeinde, Ihre Gaben und Aufgabe zeigen. Sie sind damit auf dem Weg hinter Jesus her, auf dem Weg der Nachfolge. Jesus sagt: „*Wer mir dienen will, der folge mir nach; und wo ich bin, soll mein Diener auch sein*" (V. 26).

Am Sterben reifen

Zu Mark Twain sagte ein Mann: „Mich beunruhigen die Geschichten der Bibel, die ich nicht verstehe." – „Komisch", sagte Mark Twain, „mir geht es genau umgekehrt: Mich beunruhigen die Geschichten der Bibel, die ich verstanden habe."

Kennen Sie etwas von dieser Unruhe? Was wird aus mir, wenn Christus mich verändert? Bleibe ich überhaupt eine Persönlichkeit? Und wie kann er von mir fordern, mein Leben zu „hassen"? Er hat es mir doch geschenkt.

„Hassen" hat die Lutherbibel Vers 25 ziemlich missverständlich übersetzt. Die Einheitsübersetzung wählt: gering achten. Beide Übersetzungen bleiben unklar. Im Denken der Bibel ist nicht gemeint: „bekämpfen, ablehnen", sondern: „an die zweite Stelle setzen". Hier steht also: wer sich selber an Gott verliert, wird sich finden. Und wer sich selbst festhält, nicht loslassen kann, wird sich verlieren. Trotzdem bleibt das eine Vertrauensfrage. Glaube ich Gott wirklich, dass ich mich selbst finde, wenn ich mich an Christus verliere? *„Wer mir dienen wird, den wird mein Vater ehren, wird ihn, wird sie beschenken"*, verspricht Jesus. Der wird nicht zu kurz kommen. Wer sich an eine Aufgabe oder Sache verliert, wird immer Gefahr laufen, verloren zu gehen. Wer sich an Gott verliert, wird sich finden. Das Bild vom Weizenkorn erwartet von uns das Zutrauen in ein unsichtbares Wirken Gottes. Er verspricht Frucht – und ermutigt uns, auf die Frucht zu warten. Aber die Frucht entsteht durch Absterben.

Das können schmerzliche Abschiede sein – Abschiede von alten Gewohnheiten, von vertrauten Umgebungen, von früher gesegneten Formen in der Gemeinde. Aber Gott will Neuaufbruch. Und jeder Abschied um Gottes Willen beinhaltet den Keim eines Neuanfangs. Da verliere ich etwas – und finde dafür etwas Größeres neu. Oder ich werde enttäuscht – und gewinne dadurch Realismus. Manche müssen durch Einsamkeit hindurch, um den Wert der Gemeinschaft erst schätzen zu lernen. Man kann gerade in großen Gemeinden sehr einsam sein: nebeneinanderher leben, trotz aller Vertraulichkeiten. Aber dann wächst die Sehnsucht. Ich selbst bin ein zurückhaltender Typ, also sollen andere gefälligst auf mich zugehen. Aber ich merke, dass ich das nicht mehr von anderen erwarten darf. Ich sollte selbst anfangen. Und meine zaghaften Versuche sind wie Hammerschläge, durch die der göttliche Schmied mein Leben zu einem Gefäß seiner Ehre schmiedet. Erst wenn ich die neue Form gewinne, kann er etwas darin transportieren oder bewahren. Wer sich an diesen Schmied verliert, findet seine Form, um nach dem Bild Jesu umgestaltet zu werden.

Ein Fluss wollte durch die Wüste zum Meer. Aber als er die Weite des Sandes sah, wurde ihm angst. Er klagte: „Die

Wüste wird mich austrocknen, der heiße Atem der Sonne wird mich vernichten, ich werde zum stinkenden Sumpf." Da hörte er eine Stimme: „Vertrau dich der Wüste an." Aber der Fluss entgegnete: „Bin ich dann noch ich selbst? Verlier ich mich nicht?" Die Stimme antwortete: „Auf keinen Fall kannst du bleiben, was du bist." – So vertraute sich der Fluss der Wüste an. Wolken sogen ihn auf und trugen ihn über die heißen Sandflächen. Am anderen Ende wurde er als Regen wieder abgesetzt. Und aus den Wolken floss ein Fluss, schöner und frischer als zuvor. Der Fluss freute sich und sagte: „Jetzt bin ich wirklich ich."

Wo Gott uns auf den Weg des Weizenkornes, auf den Weg Jesu führt, da will er Frucht schaffen: Vervielfältigung, Wirkung, Segen.

Zum Vertiefen:

- Was ist „herrlich" an Jesu Weg der Hingabe?
- Mich an Christus loslassen, um mich zu finden: Wie geht es Ihnen mit diesem Gedanken?
- Welche Prozesse des Absterbens haben Sie schon erlebt, in welchen stecken Sie gerade, vor welchen scheuen Sie zurück?

18. GEWICHT GEWINNEN

BIBLISCHE REISEERFAHRUNG: LUKAS 10,38-42

Im Herbst 1992 startete der Segler Michael Plant zu einer Nordatlantik-Überquerung. Ziel: Frankreich. Sein Boot war auf dem neuesten Stand der Technik. Alle sagten: Hier kann nichts schiefgehen. Doch in der zweiten Woche auf See fehlte plötzlich jede Spur von ihm. Suchaktionen wurden eingeleitet – nichts. Nach Tagen fand man sein Boot kieloben treibend nördlich der Azoren. Von Plant keine Spur. Es wurde bekannt, dass er sein automatisches Funkfeuer, das beim Kentern aktiviert wird, nicht hatte registrieren lassen. Offensichtlich hatte er als erfahrener Segler die Sicherheit auf die leichte Schulter genommen. Was war passiert?

Segler wunderten sich, dass das Boot kieloben trieb. Eine Segeljacht ist kentersicher – normalerweise. Wird sie von einer Bö oder einem Sturm kieloben gedrückt, dreht sie sich wie ein Stehaufmännchen wieder auf. Damit sie durch die enormen Windkräfte nicht umgeworfen wird, braucht sie mehr Gewicht unterhalb der Wasserlinie als oberhalb. Deshalb hatte Plants Boot einen dreieinhalb Tonnen schweren Kiel. Genau hier lag das Problem: Niemand weiß wie, aber das tonnenschwere Gewicht am Kiel war weggebrochen. Als das Gewicht weg war, wurde die nächste Bö dem Segler zum Todesstoß.[82]

82 Nach Gordon MacDonald, Aufatmen 3/2000

Was wir sehen und täglich erleben, was wir planen, tun und lassen, was uns freut oder schwerfällt – alles ist das Sichtbare, sozusagen die Takelage unseres Lebens. Wir kümmern uns intensiv um die Deckaufbauten, um Anlegen oder Ablegen, wir ziehen mal mehr, mal weniger Segel auf – und wir versuchen, Stürme durchzustehen. Aber wenn die Substanz unterhalb der Wasserlinie fehlt? Wenn unsere Seele kein Gegengewicht findet? Dann kann der nächste Sturm uns kentern lassen. Die Fassade bricht zusammen, wir haben kaum Überlebenschancen.

Eine Studie sagt, dass nach dem Urlaub die Scheidungsrate ansteigt: Jede dritte Scheidung wird nach dem Urlaub eingereicht. Im Urlaub kämen Probleme an die Oberfläche, über die sich die Partner schon längere Zeit ärgern, meint der Wiener Psychologe Harald Werneck. Irgendwann könnten wir ungelösten Problemen nicht mehr ausweichen, sie drängten sich nach oben.

Jesus besucht Menschen, die ihm wichtig sind. Zwei Schwestern, Marta und Maria. An der Oberfläche passieren die normalen Ereignisse eines Besuches: Marta als Gastgeberin bittet die Gäste herein, kümmert sich ums Essen, versucht den Aufenthalt für Jesus zu einem Fest werden zu lassen. Doch plötzlich wird das Fest zu einem Test. Plötzlich geht es nicht mehr um die Aufbauten, sondern um das unsichtbare Gewicht unseres Lebens. Marta wird gefragt, ob sie wirklich das hat, was sie halten kann. Lukas hat es so berichtet:

Als sie aber weiterzogen, kam er in ein Dorf. Da war eine Frau mit Namen Marta, die nahm ihn auf. Und sie hatte eine Schwester, die hieß Maria; die setzte sich dem Herrn zu Füßen und hörte seiner Rede zu. Marta aber machte sich viel zu schaffen, ihm zu dienen. Und sie trat hinzu und sprach: Herr, fragst du nicht danach, dass mich meine Schwester lässt allein dienen? Sage ihr doch, dass sie mir helfen soll! Der Herr aber antwortete und sprach zu ihr: Marta, Marta, du hast viel Sorge und Mühe. Eins aber ist not. Maria hat das gute Teil erwählt; das soll nicht von ihr genommen werden (Luk 10,38-42).

Wenn Sie diese Begegnung über der Wasseroberfläche ansehen, dann werden Sie viel Sympathie für Marta in sich entdecken. Zum Beispiel die Solidarität mit denjenigen, die hinterher den Abwasch machen, weil es ja doch gemacht werden muss. Oder mit denen, die mit viel Liebe ein Fest vorbereiten, weil es ohne gute Vorbereitung nicht gelingt. Oder mit jenen, die in der Gemeinde die Stühle stellen und aufräumen, was meist nicht so gewürdigt wird wie Predigt oder Musik.

Aber Jesus redet mit Marta gar nicht über die Segel oder die Anlegemanöver ihres Lebens. Er redet mit ihr über die Dimension unterhalb der Wasserlinie ihres Lebens: Er fragt, was ihre Seele ernährt. Er fragt nach dem Gewicht ihres Lebens. Er fragt, ob ihre Prioritäten, ihre entscheidenden Werte stimmen.

Wir werden weder Maria noch Marta gerecht, wenn wir Gastfreundschaft gegen Gottesdienstbesuch aufrechnen. Oder praktisches Christentum gegen Bibellesen. Oder Nächstenliebe gegen Beten. Dann bleibt immer ein fader Nachgeschmack. Wir ahnen ja irgendwie, dass auch Jesus etwas zum Essen brauchte. Und Gäste hungern lassen, kann es ja wohl auch nicht bedeuten. Nein, in dieser Geschichte geht es um das Gegengewicht unterhalb der Wasserlinie unseres Lebens. Maria empfängt, was ihrem Leben Gewicht gibt. Marta droht genau das zu verpassen.

Wie ist das bei Ihnen? Investieren Sie in das Gewicht Ihres Lebens? Oder sind Sie überwiegend mit der Takelage, mit den Deckaufbauten beschäftigt?

Aufnehmen

Im Neuen Testament wird uns in vielen Geschichten etwas sehr Einfaches erzählt. Menschen begegnen Jesus, und die nehmen ihn auf in ihr Haus, zu Festen, zum Übernachten, zur Rast oder zum Abendessen. Sie bieten ihm Gastfreundschaft an, wie es im Orient bis heute gute Sitte ist. Aber dann verändert dieses Aufnehmen ihr Haus und ihr Leben. Sie machen die Erfahrung: Jesus begegnen, tut uns gut.

In Sternstunden ahnen wir manchmal, wie tief „sich begegnen" von Gott gedacht war: Plötzlich funkt es, wir sind von anderen total fasziniert, wir verstehen uns, wir möchten die Zeit mit ihnen verlängern. Sie können uns bereichern. Aber solche Begegnungen, solche Erinnerungen an den Himmel sind selten. Wie ein Spalt im Vorhang, aber den großen Rest verschließt die Sünde. Das NT zeigt uns Menschen, die nicht nur einen Hauch bekamen, sondern die ganze Fülle: Sie begegneten Jesus. Es gab nicht nur einen Blick durch den Vorhang in den Himmel, sondern der Vorhang öffnete sich völlig.

Maria erlebt so etwas. Sie sitzt zu den Füßen Jesu, sagt Lukas: Da ist der Platz der Schüler. Übrigens völlig ungewöhnlich, dass irgendein Rabbi Frauen so angenommen hätte. Rabbiner hatten damals keine Schülerinnen, Jesus hatte sie. Maria sitzt dort, wo sie am meisten von Jesus mitbekommt. Wo sie ihm zuhört. Wo sie ihn mit allen Sinnen aufnimmt. Wo sie nichts verpasst, was er ihr zu sagen hat.

Wenn Sie eine Ahnung haben vom Geheimnis Gottes, wenn Ihr Leben Christus gehören soll, dann kennen Sie ganz sicher eine Erfahrung: dass wir uns zutiefst nach Gottes Reden sehnen – und zugleich alles zulassen, damit es nicht stattfindet. Wir packen uns den Tag so voll, dass kein Raum mehr frei ist. Wir schreien im Gebet um Gottes Hilfe, aber wir nehmen uns keine Zeit, zweckfrei zu beten, mit ihm nur zu reden, weil wir ihn lieben.

Maria erfährt etwas anderes: Aus der Gastgeberin wird ein Gast. Wir meinen, wir nehmen Gott auf – und dann merken wir, er nimmt uns auf. Wo Sie Jesu Wort Raum geben, nehmen Sie ihn selbst auf. Wo Sie ihm Zeit schenken, kommt Himmel in Ihr Leben. Daher stammt der Tiefgang Ihres Lebens. Da wird Ihre Seele auf eine Weide geführt, die Sie schon lange vermisst hat. Jesus Aufnehmen heißt: den Raum einnehmen, den Jesus uns freihält.

Hören

Maria macht hier etwas scheinbar ganz Einfaches: Sie sitzt bei Jesus und hört ihm zu. Sie diskutiert nicht, schneidet auch keine Zwiebeln, deckt nicht den Tisch. Sie hört kein Radio, geht nicht ins Trimmstudio, macht keine Fortbildung, tippt nicht auf ihrem Handy herum, checkt keine E-Mails – sie hört einfach zu. Wie ein trockener Schwamm das Wasser saugt sie auf, was Jesus zu sagen hat.

Manchmal frage ich mich, wann und wo wir überhaupt noch zum Hören kommen. Wir haben ständig irgendwelche Einflüsse im Ohr oder vor den Augen. In unser Kopf und Herz vorzudringen ist schwerer, als in einen Tresor einzudringen. Wir sind belagert, werden überrannt von allen möglichen Einflüssen. Wir empfangen über 4.000 Werbeimpulse pro Tag. Das Radio läuft, das Internet ist an, Gottes Reden hat es unglaublich schwer, überhaupt zu uns vorzudringen. Aber nichts anderes kann den Kiel unseres Lebens so gewichten, dass er uns oben hält.

Marta und Maria sind zwei Wege, mit Gottes Geheimnis in unserem Leben umzugehen. Entweder wir verpassen

Gott, weil wir meinen, Wichtigeres zu tun zu haben – oder er begegnet uns und verändert uns. Aber dafür müssen wir umschalten, uns zu Jesus wenden, hören und ihn reden lassen, so lange er uns etwas zu sagen hat. Martas Alternativen wären heute ja nicht die Zeitung oder etwas Unchristliches. Sie drohte nur den Moment zu verpassen, wo Gott ihr etwas sagen wollte. Und deshalb stellt Jesus ihre Geschäftigkeit, ihre Mitarbeit infrage, obwohl sie gut gemeint war. Charles Spurgeon hat den Pastoren ins Stammbuch geschrieben: Das Gefährlichste ist, wenn sie immer nur für andere hören.

Offensichtlich hat der Gegenspieler Gottes ein großes Interesse daran, dass wir nicht zum Hören auf Jesus kommen. Er will, dass wir Leichtgewichte bleiben. Der Evangelist Elias Schrenk sagte: „Vor Leuten, die viel arbeiten und wenig beten, hat der Teufel keine Angst." Gott sei Dank hat Jesus noch ein größeres Interesse daran, uns zum Hören zu locken. Hören auf Jesus heißt: Gewicht bekommen.

Wählen

Als Alexander der Große in Gordion war, wurde ihm der berühmte Gordische Knoten gezeigt: So verwirrt und verknotet, dass ihn niemand lösen konnte. Wer diesen Knoten löste, sollte Herrscher der Welt sein. Alexander zog kurzentschlossen sein Schwert und hieb ihn durch – eine Art von gelungener Öffentlichkeitsarbeit in der Antike. Wir können nicht so vorgehen. Wir stehen oft vor einem Haufen von Möglichkeiten. Wo wir auch ziehen, der Knoten wird nur noch fester. Wir müssen den einen Faden finden, der alle anderen mit aufzulösen beginnt, damit unser Leben sich entwirrt.

Jesus spricht den beiden Schwestern hier das geistliche Wahlrecht zu. Maria hat eine Wahl getroffen für das Wichtigere, und die nimmt Jesus unter seinen Schutz. Sie hat sich sozusagen in eine Standleitung in den Himmel eingewählt, und diese Verbindung darf nicht unterbrochen werden. Sie hat den einen Faden in der Hand, der alle anderen auflösen kann. Sie hat sich entschieden, der Nähe zu Jesus, dem Hören auf sein Wort die absolute Priorität zu geben. Das hat Vorrang vor allem anderen – aber dadurch kommt alles andere auch erst in die richtige Richtung: Lebensstil, Hoffnungen, Liebe, Beziehungen, Reden, Alltag, Tun und Wollen ordnen sich von diesem Einen her.

Schaffen Sie sich Möglichkeiten, um mit Jesus zu reden. Wo Sie sein Wort aufsaugen und beten. Und wenn Gottes Geist Sie anspricht, dann stellen Sie anderes zurück. Nichts ist in dem Moment wichtiger. Wenn Sie Gottes Stimme wählen, löst sich der Knoten.

In der Nacht vor Heiligabend hören die Eltern ihren Sohn plötzlich mit großer Lautstärke sein Abendgebet verrichten: „… und lieber Gott, beschütze meine Eltern und den Opa und schenk mir bitte das Fahrrad“. Als die Mutter erstaunt ins Zimmer geht und fragt: „Warum auf einmal so laut, der liebe Gott versteht es doch auch leise“, kommt die Antwort: „Ja schon, aber der schwerhörige Opa nicht“.

Kinder können sich absolut konzentrieren auf das, was ihnen wichtig ist. Jesus hat sie verteidigt und als Beispiel des Vertrauens genommen (Mk 10,15). Diese kindliche Konzentration auf das Eine brauchen wir, wenn wir Jesus aufnehmen, sein Wort hören und seine Stimme wählen wollen. Wir sorgen damit für das unsichtbare Gewicht, das unser Leben vor dem Kentern bewahrt.

Zum Vertiefen:

- Was verschafft Ihrem Leben geistliches Gewicht?
- Jesus aufnehmen, hören, wählen – wie kann das zum Alltag werden?

VERZEICHNIS DER BIBELAUSLEGUNGEN

QUELLENANGABEN

Karl Barth, Sein Weg wird nicht in sicherer Ferne ..., aus: Karl Barth, Die Kirchliche Dogmatik IV/1, S. 287, Studienausgabe Bd. 21, Zürich 1938/1993, © 1993 Theologischer Verlag Zürich.

Karl Barth, ergreifen gleichzeitig ihre eigene Zukunft als Liebende, aus: Karl Barth, Die Kirchliche Dogmatik I/2, S. 420, Studienausgabe Bd. 4, Zürich 1953/1986, © 1986 Theologischer Verlag Zürich.

Dietrich Bonhoeffer, Widerstand und Ergebung, © 1998 Gütersloher Verlagshaus, Gütersloh, in der Verlagsgruppe Random House GmbH.

Tony Campolo, Party auf Zimmer 210, 2. Auflage 2007, © Gerth Medien GmbH, Asslar, in der Verlagsgruppe Random House GmbH.

K. Douglass/F. Vogt, Expedition zum Anfang, © C & P Verlagsgesellschaft, Glashütten 2014.

Hans-Joachim Eckstein, Lieber Jünger als älter werden, in: H.-J. Eckstein, Himmlisch menschlich. Rechte beim Autor.

Hans-Joachim Eckstein, Glaube, der erwachsen wird. Rechte beim Autor.

Klaus Haacker, Der Brief des Paulus an die Römer, ThHK 6, © Evangelische Verlagsanstalt, Leipzig 1999.

Franz Kamphaus, Zulassen, damit sie in uns heimisch werden, aus: Der Atem der Freiheit. Spiritualität mit Herz – Sonderband. Hrsg. von Ludger Hohn-Morisch © Verlag Herder GmbH, Freiburg i. Br. 2002.

Hape Kerkeling, Ich bin dann mal weg, © 2006 Piper Verlag GmbH, München.

Pinchas Lapide/Viktor E. Frankl, Gottsuche und Sinnfrage, © 2005 Gütersloher Verlagshaus, Gütersloh, in der Verlagsgruppe Random House GmbH.

Sebastian Murken (Hg.), Ohne Gott leben. Religionspsychologische Aspekte des „Unglaubens", diagonal, Marburg 2008.

Henri Nouwen, Bald wurden die Plätze getauscht , aus: Ders., Adam und ich. Eine ungewöhnliche Freundschaft © Verlag Herder GmbH, Freiburg i. Br. 2011.

Henri Nouwen, die innerste Wahrheit …, aus: Ders., Du bist der geliebte Mensch. Religiös leben in einer säkularen Welt © Verlag Herder GmbH, Freiburg i. Br. 2014.

Jean-Paul Sartre, Die Wörter. Deutsche Übersetzung von Hans Meyer © 1965 Rowohlt Verlag GmbH, Reinbek bei Hamburg.

Grundkurs Josef Ratzinger Benedikt XVI, Jesus von Nazareth, (Herder Spektrum 6033), Freiburg 2007.

Eduard Schweizer, „Jesus Christus in vielfältigen Zeugnis des Neuen Testamentes", © 1976 Gütersloher Verlagshaus, Gütersloh, in der Verlagsgruppe Random House GmbH.